U0304474

A
F
O
R Guidebook
New Retail

新零售行动指南

《商业评论》

—

编著

机械工业出版社

CHINA MACHINE PRESS

本书按照人的重构、货的重构、场的重构、利益的重构、组织的重构 5 个维度精选了来自不同行业的 8 个先锋企业的新零售实践案例，全面揭示了它们对新零售的认识和思考，真实呈现了它们的新零售探索进程，为即将或已经加入零售革命的企业提供了非常有价值的指引和借鉴。本书极具前瞻性地指出，新零售带来的不只是零售端的升级和改造，随着新零售的深入，势必会对产品开发、生产、供应链等各个运营环节形成倒逼，整个企业都需要脱胎换骨，进行数字化转型。可以说，新零售打开了新商业的大门，这也正是每个企业都要重视新零售的意义所在。

图书在版编目（CIP）数据

新零售行动指南/《商业评论》编著.
—北京：机械工业出版社，2019.7
ISBN 978－7－111－63255－9

Ⅰ.①新… Ⅱ.①商… Ⅲ.①零售业-商业经营
Ⅳ.①F713.32

中国版本图书馆 CIP 数据核字（2019）第 144126 号

机械工业出版社（北京市百万庄大街 22 号　邮政编码 100037）
策划编辑：坚喜斌　　　　责任编辑：戴思杨
责任校对：李　伟　　　　责任印制：孙　炜
北京联兴盛业印刷股份有限公司印刷
2019 年 8 月第 1 版 · 第 1 次印刷
145mm×210mm · 8 印张 · 3 插页 · 133 千字
标准书号：ISBN 978－7－111－63255－9
定价：59.00 元

电话服务　　　　　　　　网络服务
客服电话：010－88361066　机　工　官　网：www.cmpbook.com
　　　　　010－88379833　机　工　官　博：weibo.com/cmp1952
　　　　　010－68326294　金　书　网：www.golden-book.com
封底无防伪标均为盗版　　机工教育服务网：www.cmpedu.com

新零售：从理念到行动

到底有没有新零售？

对此不同企业有着不同的认识。有的企业相信它是零售的未来，于是快速行动，不断进行尝试和创新，以求抢得先机；有的企业则持怀疑态度，认为它只是一个新造词；也有的企业仍在观望，看不明白，但也不想早下定论。

对于这个问题，我们可能无法从中国较短的现代零售发展历史中找到答案，那不妨去看看大洋彼岸有着约150年零售发展历史的美国，或许能发现一些历史规律。

在20世纪之前，美国的零售形态大多是杂货铺和专营小店，顾客买牛肉就去肉铺，买面包就去面包房，买布就去布店。由于交通不便利，顾客往往都是附近居民，商铺辐射范围有限，经营效率也很低。

1865 年，南北战争结束，伴随着第二次工业革命的兴起，美国铁路步入黄金发展期。当时，美国人口有5 600万，其中2/3都在农村。全国范围内铁路线的铺设，把偏远闭塞的农村地区连接起来。这让本是铁路货运代理商的理查德·西尔斯看到了一个商机——利用铁路这项新技术，给广大农民提供邮购服务。1886 年，西尔斯公司成立，并在 1900 年成为美国零售业第一名。

邮购模式打破了那些小店铺只服务于当地居民的限制，使零售经营的"场"得到极大扩张。随着"场"的突破，西尔斯能够接触到的"人"，即顾客群体，也大大增加，远超小店铺能够覆盖的客群。而通过收集广大顾客的邮购订单，西尔斯则可以批量进"货"。

所以，西尔斯的邮购业务重构了"人货场"，不仅大大提升了顾客的购物体验——不用出门，只需填个邮购单，即可坐等送货上门；商品种类极大丰富，几乎可以买到任何东西；提供自由退货、货到付款等服务——而且大幅提高了经营效率，**既做到了按需采购，降低采购成本，又加快了商品周转**。

可以说，西尔斯是 19 世纪的新零售。

时间进入到 20 世纪，汽车出现了。到 1960 年，大部分美国家庭至少拥有一辆私家车。同时，美国公路建设蓬勃发展，高速公路网遍及全美。人们的活动范围因此无限扩大，使到离家较远的地方（如郊区）进行购物变得可能。于是，坐落在郊区的大型超市开始出现，其中包括1962年开了首家店的沃尔玛。到1993年，沃尔玛超越西尔斯成为美国零售业第一名。

沃尔玛利用汽车这个新交通运输工具，创建了大型超市这个零售"场"。大型超市位于郊区，租金便宜，所以占地规模很大。同时，郊区能够提供大片的停车场。那时候，人们对于"方便"的认知已经从"离家近不近"变成了"停车方不方便"。正因为超市规模大，有足够的空间容纳更多的"货"，所以超市的商品种类应有尽有。再加上，沃尔玛承诺天天低价，使得开车去一趟郊区到大型超市购物，成为人们的一种"日常生活"习惯。

就这样，沃尔玛的大型超市再次重构了"人货场"，用一站式购物、超低价格、停车便利等服务，大大提升了顾客的购物体验。同时，巨大的客流量、高频次的购物、较高的客单量，让沃尔玛实现了低成本采购和高效周转。

所以，沃尔玛是20世纪的新零售。

进入21世纪，尤其是最近10年，互联网、移动互联网、移动支付、大数据、社交网络、人工智能……新技术层出不穷。这些新技术正在使消费者与商品之间的路径变得越来越短，使消费者与商品相连接的场景变得越来越丰富，也使品牌商、零售商对消费者需求的洞察变得越来越精准。与此同时，消费者的主权意识也在觉醒，消费者对商品和服务日益体现出个性化的意愿和偏好，追求与众不同和自我表达。这有力地推动了品牌商和零售商从以产品为中心、以品牌为中心开始转向以消费者为中心，让消费者成为一切商业活动的起点和源头。

很显然，在新技术的驱动下，一场新的零售革命正在酝酿之中，21世纪的新零售正呼之欲出。

今天驱动新零售革命的核心技术是大数据和人工智能。它们将对现有零售带来颠覆性的改造，从而给消费者带来极致的消费体验，为企业创造极致的商业效率。要实现这种颠覆，除了利用新技术对零售经营的"人货场"进行重构，企业还需要对自身组织和利益关系进行重构，因为后两者直接影响着"人货场"重构能否真正落地，真正取得效果。

事实上，已经有许多先锋企业投身到了这场零售革命的浪潮之中。它们可能尚不清楚自己探索的新零售最终会是什么样，也不清楚新技术的运用到底会给消费者和零售经营带来什么。但是，它们愿意去尝试，愿意去创新，努力以消费者为中心重塑整个零售商业。

它们的历程、经验和教训值得被记录。《商业评论》作为中国领先的管理媒体，累计开发案例超过1 500多个，拥有长期积累的案例开发能力，被誉为"管理案例专家"。在新的时代背景下，《商业评论》启动了一个志向高远的战略项目——新零售100案例库，拟用10年时间在中国本土跟踪研究、开发100个零售企业案例。通过记录这些在中国商业变革进程中具有标杆意义的企业，通过对它们的实践案例进行剖析，希望能够激发更多企业开始思考，支持更多企业进行创新实践。

本书是新零售100案例库的第一辑，精选了来自不同行业的8个先锋企业的新零售实践案例，全面揭示了它们对新零售的认识和思考，真实呈现了它们的新零售探索进程，旨在为即将或已经加入这场零售革命的企业提供指引和借鉴。

为了多视角地展示先锋企业的新零售思考和实践，本书按照人的重构、货的重构、场的重构、利益的重构、组织的重构5个维度，对收录的8个案例进行了划分。需要特别说明的是，这样的划分并不表示案例企业只在相应的维度进行了新零售探索。事实上，所有案例企业都进行了全维度的新零售探索，只是某个企业在某个维度的实践更具有代表性。

同时，为了更好地剖析每个新零售案例背后的商业理念和系统逻辑，本书还邀请了淘宝大学认证讲师、商学院教授、咨询顾问等新零售专家学者，对每个案例进行了深度点评。

　　伴随着消费者主权意识的觉醒和个性化需求的增加，零售的重心正在从经营"货"转向经营"人"。而要做到以消费者为中心，由消费者来驱动整个商业运营，企业必须使消费者在线化、数字化。这就是第一章"人的重构"的核心阐述。盒马鲜生案例全面剖析了这个零售新物种如何成为线上线下完美融合的样本，揭示了其作为一个"被门店武装了的生鲜电商"的本质。这个案例告诉我们，做真正的商业创新，首先要想明白它的基础逻辑，理清楚它的顶层设计；其次，做任何一种商业，都需要找到其最本质的原理；最后，消费者是整个商业中一切动力的源泉，要想变革一个行业，出发点必须是让消费者获益。国内领先时尚运动品牌特步对会员的在线化运营做出了非常好的探索。在特步看来，新零售就是一个以消费者为中心的营销管理过程，其核心任务是运营和管理好自己的所有线下流量。特步通过线下门店、特购会、跑步俱乐部、官方商城等用户触点沉淀了 1 000 多万会员，同时还引入了阿里巴巴的智能导购，对 1 万多名店员进行了赋能，使他们与上百万会员建立了一对一的好友关系，可以实时与会员进行在线沟通，对会员进行精准营销。

新零售"货的重构"包含了两层意思：一个是线下渠道的商品做到在线化、数字化，从而与线上渠道的商品打通，让消费者能够在全渠道进行购买；另一个是商品的价值在于满足消费者的需求，所以要做到人货匹配，产品开发的起点必须回归到消费者的需求。在第二章的案例中，中国首创家居定制模式的索菲亚打造了以消费者为中心的新零售 C2B 模式，形成了自己的核心竞争优势。通过新技术的应用，实现了市场需求倒逼产品研发，让销售场景更加高效，让服务体验更加美好，让制造供应链更加智能。

"场"的作用在于连接"人"和"货"，是消费者与商品、品牌产生化学反应的场所或场景。对"场"进行重构，就要借助新技术和新设备，让经营场所以及能够让消费者产生商品和品牌联想的场景成为吸引消费者的点，吸引消费者与商品和品牌建立连接，并为他们提供极致的消费体验。同时，对消费者进行数据采集和分析，然后根据数据反馈，优化"场"的运营，提高经营效率。在第三章"场的重构"中，作为传统的家居大卖场，居然之家面临着低频消费、客流萎缩的困境。为了破解这个难题，居然之家开始探索新零售，对大卖场进行数字化升级，实现商品、导购、营销、服务、门店等的全面数字化，大大提升大卖场的运营能力和消费者购物体验。同时，居然之家还探索了新的商业模式，从设计、材料、施工三大家装业务板块切入，打造全链路家装云平台，从更多的触点和场景来获取消费者。饿了么案例则呈现了一个外卖企业如何通过融入更多的生活场景构建起一个本地生活服务平台。尤其在加入阿里巴巴的生态体系后，饿了么通过阿里巴巴的生态协同、新零售赋能、组织升级、"夏季战役"等动作，夯实了自己的外卖根基，在消费者心中印上本地生活服务品牌的烙印，成为整个本地生活服务市场的核心入口。

新零售的目标之一就是要给消费者创造一种线上线下无缝融合的全渠道购物体验。然而，从企业的现状来看，线上部门跟线下部门、企业跟线下经销体系之间往往存在利益冲突，这势必会对线上线下融合造成阻碍。所以，企业探索新零售，就需要重构各种利益关系。在第四章"利益的重构"中，TATA木门给我们提供了一个如何化解与经销商利益冲突的思路和方法。TATA木门没有自己的直营店，所有生意都是通过经销商来达成的。但是，在新零售改造中，TATA经销商非但没有反对和阻挠，还主动推进智能门店的落地，原因就在于 TATA 将经销商当作自己的家人，并且把经销商的利益放在首位。

要探索新零售，企业还必须思考一个问题：谁来做新零售这件事？是线上团队，还是线下团队，抑或新建一个团队？如果新建一个团队，是让线上的人来带，还是让线下的人来带，抑或从外面空降？这些都会直接影响新零售的落地和实施。第五章"组织的重构"就探讨了这个问题。国内美妆品牌林清轩为了顺利推行新零售，早在 2017 年就成立了专门的新零售部，并将最关键的 CRM 数据部门划归新零售部，形成了一个融合 CRM 部、市场部、销售部、电商部、信息部、新媒体部的跨部门协作的大新零售组织。而在良品铺子的案例中，这个休闲零食领先品牌从小规模试点开始，按照创新"四力"模型有序运行新业务，使公司进入了高速发展期。2018 年良品铺子终端销售额超过 80 亿元，是 2012 年的 8 倍。如今，公司决定减速慢行，这背后究竟发生了什么？

虽然本书收录的 8 个案例来自少数几个行业，但新零售变革的浪潮正在向所有行业推进。它带来的不只是零售端的升级和改造，随着新零售的深入，势必会对产品开发、生产、供应链等各个运营环节形成倒逼，整个企业都需要脱胎换骨，进行数字化转型。可以说，新零售打开了新商业的大门。

当然，就像 19 世纪的西尔斯、20 世纪的沃尔玛一样，今天的新零售也不会是终极的新零售。随着新技术的层出不穷、消费环境的日新月异、社会的持续进步，一定还会出现迭代的新零售。不管是今天的新零售浪潮，还是未来的新零售变革，作为企业，有一点永远不会过时，那就是不断创新、不断尝试。唯有如此，才能紧跟潮流，不被淘汰。

目录
Contents

察消费者的需求？如何让线下商品在线化、数字化？如何构建柔性智能供应链？

第三章　场的重构

"场"的作用在于连接"人"和"货"。如何对"场"进行数字化升级，提升消费者的购物体验，提高零售的运营效率？

第四章　利益的重构

要给消费者创造全渠道购物体验，就需要化解线上和线下、企业和经销商之间的利益冲突。如何重构各种利益关系，让各方形成利益共同体？

第五章　组织的重构

新零售不是业务层面的局部优化，而是公司层面的战略变革，需要企业重新塑造其组织能力。那么，如何形成组织共识？如何调整组织结构？如何形成新的激励机制？

第一章

人的重构

零售的重心正在从经营"货"转向经营"人"，怎么使消费者在线化、数字化？如何有效运营消费者？

盒马鲜生：坪效为什么比同行高5倍

刘 润[一]

2016年10月13日，两位互联网大佬在两个不同的地方，分别提出了"新零售"的概念，时间相差半天，一位是小米的雷军，另一位是阿里巴巴的马云。

今天，作为雷派新零售的旗舰小米，以20个月开240家店的速度，回归线下，高歌猛进，攻城略地。为此，我专访了雷军本人和小米总裁林斌，讨论了小米新零售的商业逻辑。

而另一边，马派新零售的一号工程"盒马鲜生"，在

[一] 刘润，润米咨询董事长，《商业评论》"新零售50人"成员，传统企业互联网化研究者，微软前战略合作总监，在"得到"App开设《刘润·5分钟商学院》专栏，著有《互联网＋战略版：传统企业，互联网在踢门》《互联网＋：小米案例版》《趋势红利》《新零售：低价高效的数据赋能之路》。

过去一年里也备受瞩目。

在马云提出新零售的时候，没有人知道新零售应该是什么样子。但是很快，2017 年，盒马鲜生的高调曝光，刷新了很多人的认知。

最近我在写一本书，叫作《新零售》，即将出版。所以，2018 年 1 月 5 日，作为领教工坊私董会的领教，我带领我的私董会企业家组员和 5 分钟商学院的学员代表，参观访问了盒马鲜生。因为公司正在高速发展中，盒马鲜生创始人侯毅很少接受采访，但这次，侯毅推掉了北京开店的重要活动，专门跟我们进行了交流，解答了我们的很多问题，分享了他的很多重要战略思想。

为什么在"生鲜电商"这块最难啃的骨头上，能生长出盒马鲜生这样的新物种？为什么当传统生鲜超市的"坪效"只有 1.5 万元时，盒马鲜生能做到它们的 3 ~ 5 倍？

这个机会特别宝贵，让我们一起从创始人的视角，理解盒马鲜生这个零售新物种的商业逻辑。

坪效极限：传统交易结构的天花板

我们如何衡量零售企业的经营效率？

在纯电商领域，衡量经营效率的标准叫作"人效"，即每个人每年创造的收入，为什么？因为纯电商企业最主要的成本是人的成本，所以人效做得越高，企业的经营效率就越高，盈利能力就越好。

那在传统零售领域呢？

由于门店租金是传统零售最主要的成本之一，因此，通常用"坪效"来衡量运营效率。坪效就是门店每平方米每年创造的收入。同样，坪效做得越高，经营效率就越高，盈利能力就越好。

用一个公式来表示，就是：

$$坪效 = 线下总收入 \div 单店总面积$$

这个公式非常简单。但是，根据行业属性不同，坪效会差异巨大。比如，2017 年 7 月，来自调研公司 eMarketer 和 CoStar 的数据显示：

- 卖手机卖得最好的苹果专卖店，坪效是 40.2 万元；
- 卖酸奶冰淇淋卖得最好的 Reis & Irvy's，坪效是 28.8 万元；
- 加油站便利店开得最好的 Murphy USA，坪效是 27 万元；
- 卖珠宝卖得最好的蒂芙尼，坪效是 21.4 万元；

- 卖瑜伽户外服装卖得最好的 lululemon athletica，坪效只有 11.3 万元。

各行各业中做得最好的，坪效差异居然如此巨大。这说明，每个行业因为特征不同（比如，产品价格高低不同、购买频次不同、行业集中度不同等），坪效极限也不相同。

在一个充分市场化、充分竞争的行业里，无数人共同努力都无法突破的坪效极限，就是这种商业模式、交易结构的天花板。

那么，零售卖场呢？华泰证券的研究报告显示，中国零售卖场的坪效大约是 1.5 万元。1.5 万元看上去非常低，但是你一定要相信，这已经是行业中无数企业、无数聪明人，在他们力所能及的范围内，无数次优化的结果。

那么，盒马鲜生呢？

盒马鲜生上海金桥店 2016 年全年营业额约 2.5 亿元，坪效约 5.6 万元，大约是同业的 3.7 倍。理解了坪效极限的概念，你就会知道，这个数字相当不简单。

这是一个颠覆性的结果，盒马鲜生是怎么做到的？

顶层设计：被门店"武装了"的生鲜电商

刚才我们说，传统零售理解坪效，是用这个公式：

$$坪效 = 线下总收入 \div 单店总面积$$

那么，要提高坪效，在"单店总面积"不变的情况下，只有提高"线下总收入"。而如何提升购物体验（如卖场的摆放、促销的设计等），让人更开心、买更多东西，从而提高线下总收入。在这方面，传统零售企业基本做到了极致，效率很难再被大幅提升了。

那怎么办？坪效极限就无法突破了吗？要实现突破性的提升，必须突破过去的认知框架。

这时，侯毅的背景就显示出了巨大的价值。

首先，侯毅有计算机专业背景。20 世纪 90 年代初，他从计算机专业本科毕业。其次，他有创业背景。毕业后他开始创业，在多个领域从事过经营。然后，他有传统零售背景。1999 年，他加入光明乳业旗下的可的便利店，一干就是 10 年，见证了可的从 20 多家至 2 000 家门店的蜕变。最后，他有互联网背景。2009 年，再次拿到融资的刘强东一直在寻找"零售 + 物流"方面的人才，最终侯毅入了他的眼。加入京东后，侯毅先后担任首席物流规划师和O2O事业部总裁。

"传统零售＋互联网＋计算机＋创业"的背景，让侯毅对坪效有不一样的理解。他的理解是：

坪效 =（线下总收入＋线上总收入）÷单店总面积

线下门店本来只能服务到店的客人，到店的客人产生"线下总收入"。如果线下门店借助互联网，也能服务那些不想出门买东西，但又住得不远的人群，将会产生一部分完全不受单店总面积制约的"线上总收入"。那么，坪效极限将获得质的突破。

侯毅把这种基本思维范式的改变，叫作"顶层设计"。在参访盒马鲜生时，他有一句话让我印象深刻：

所有的大生意，都不是小步快跑、快速迭代出来的。所有的大生意，在创业的第一天，就需要做好顶层设计，要搞清楚这门生意的本质到底是什么。

侯毅说，当他拿这个想法和阿里巴巴CEO张勇（逍遥子）沟通时，张勇非常兴奋。他们一起进一步细化了这个思路，确定了四个原则。

1. 线上收入大于线下收入

这其实就定义了盒马鲜生的主体是一个线上线下一体化的电商，而不只是线下零售，它的目标是线上收入占大头。

2. 线上每天的订单要大于5 000 单

这定义了电商必须有规模效应，电商有基础的运营成本，只有达到规模效应之后，运营才有价值。

3. 3 公里半径内，实现30 分钟送货

3 公里半径，大概能覆盖28 平方公里的面积，含30 万户家庭。这个半径范围内，无须冷链运输，又能及时响应，有助于用合理成本建立客户忠诚度。

4. 线上线下一盘棋，满足不同场景消费需求

线上线下不是割裂关系，而是一盘棋。用户需求有线上的场景，也有线下的场景，盒马鲜生要满足不同消费场景，将流量池做大才是硬道理。

通过这几点要求，我们可以清楚地了解到，盒马鲜生本质上就是一个线上线下一体化运营的生鲜电商，一个被门店武装了的生鲜电商。

听侯毅分享到这里的时候，我的内心是震撼的。在"盒马鲜生"这个名字还没有起好的时候，基于底层逻辑

的顶层设计，就已经如此清晰了，它几乎就是我们现在看到的盒马鲜生的运营状态。

有段时间，网上流传着一篇关于张勇的文章。文中说张勇在某次演讲中提到过这样一句话"战略都是打出来的，别人的总结和你无关"。这句话后来成了很多文章的标题。很多人因此以为，张勇的观点没有所谓的战略，战略是成功者成功之后自己做的总结而已。

但是，看到张勇和侯毅在创业之前就确定的这四个原则，你就会知道，什么叫顶层设计，什么叫战略。在创业第一天，就要想清楚，这件事如果能做成，到底借助的是什么样的"势能"。

毫无疑问，盒马鲜生借助的重要势能是：用"线上总收入"来突破线下的坪效极限。

"吃—转—送"三步法：重新定义门店

有了顶层设计，接下来要做的，就是怎样实现顶层设计所定义的要素。

既然从顶层设计来看，盒马鲜生是一家"被门店武装了的生鲜电商"，那么接下来它需要做的，就是重新定义门店的价值，这其实是个战略选择。

传统生鲜超市看门店，是把它当作销售的"场"，让"人"和"货"在这里相遇，并完成交易。在这个"人货场"的交易结构里，门店是交易的终点。因此，传统生鲜超市的所有工作，都是为了把人拉到店里来。

但是，在侯毅的脑海中，门店的定义非常不同。他认为，门店的本质是流量收集器，它是交易的起点，而不是终点。交易的终点应该在电商。只要在线下完成交易，就会受到坪效极限的制约，只有把交易放到互联网上，才能突破极限。

所以，线下门店的任务就是收集流量，把方圆 3 公里内的人群，通过非常好的体验，吸引到门店来，然后将他们转化为线上会员。消费者周末有时间，就来线下体验；工作日没有时间，就在线上购物。这种崭新的"日销售"是对传统零售"周消费"的巨大升级，新零售坪效比传统零售高出一大截，自然就在情理之中。

怎么做到这一点呢？我总结出了盒马鲜生的"吃—转—送"三步法。

吃：在超市里吃海鲜，是为了建立信任

跟传统生鲜超市相比，盒马鲜生第一个重要特质，就是"吃"（堂食）。

盒马鲜生不但有商品陈列区，还有一个大大的就餐区（约占1/3的营业面积），以及若干食品加工的档口。用户在盒马鲜生买了海鲜，可以送到档口去，支付很少的加工费，就可以请师傅加工成菜品，现场享用。

用超市价就可以在现场吃到新鲜海鲜，这种体验无疑是非常棒的，而且性价比相比传统的海鲜馆有着巨大的优势。

盒马鲜生这么做的目的，并不是为了赚取加工费，而是通过给用户创造与众不同的良好体验，打消用户线上下单可能会有的疑虑，获得用户对其生鲜商品的信任和偏好。

生鲜产品和可乐、薯片不同，它不是标准品。比如苹果，下雨一星期后去采摘，一定不甜；向阳的一面比背阴的一面更红；有的苹果大，有的苹果小。所以，很难保证用户每次体验生鲜产品时，感受都是一样的。

在传统生鲜超市，用户至少可以挑。但是，在网上买，会送来什么样的产品，用户完全不知道。所以，用户对在网上买生鲜，缺乏一份信任感。

怎么办？让你亲自在现场吃，感受"盒马品质"，打消顾虑，建立信任。

但是，在超市里开餐厅，其实很不容易，因为超市和餐厅需要不同的经营许可。超市经营，只需要拿到营业执照，但餐厅因为有明火，需要更高的消防等级。在超市里开餐厅？主管部门说，以前没批过。

这再次说明顶层设计的重要性。侯毅明白让客户在门店里面吃饭的重要性，这是提高客户体验、向线上转化的第一步。因为有明确的目标感，他耐心解释，最后让有关部门特事特办，批准了这个"特殊业态"。

转：用 App 埋单，突破坪效极限的重要转折

顾客到店，发现盒马鲜生的商品挺好的，也想在宽敞的就餐区用餐，于是拿着选好的海鲜去收银台结账，这时候，盒马鲜生的第二个重要特质就展现了。那就是：只能用盒马鲜生的 App 埋单。

为什么？用手机，要用流量吧？没关系，店里有免费 Wi-Fi。可是我不会用？没关系，店员会教你。我就是不想下载 App，怎么办？我就想用现金或者信用卡，怎么办？或者扫我的支付宝支付，可以吗？对不起，真的很抱歉，我们只接受用盒马鲜生的 App 埋单。

为什么必须这样？还记得吗？盒马鲜生的本质，是一个被门店武装了的生鲜电商，门店是起点，电商才是终点。从线下往线上导流，是完成四点顶层设计的最重要

一跃。

最初来盒马鲜生的人，不少是老年人。老年人对这一套流程很不适应，很多人不会装 App，甚至没有支付宝，更不懂绑定银行卡，所以不少人走掉了。这怎么办？侯毅说，这只能表示遗憾了，虽然少做了生意，但这一点还是要坚持。

2017 年 7 月，有记者发现盒马鲜生只接受 App 付款，不接受银行卡和现金，还专门发表文章，指责盒马鲜生违反《中国人民银行法》和《人民币管理条例》的现金相关条款。这件事引起了巨大的争议。最后，盒马鲜生做出了一定的变通，如果顾客实在要用现金，可以由店员代收、代付，商品还是必须通过 App 购买。同时，盒马鲜生做出解释，并不是拒收人民币，电子货币也是人民币的一种形式。

不管是在超市里面开餐厅，还是只接受 App 付款，这些看似"奇葩"，甚至遭受拒绝、质疑的经营方式背后，其实都指向盒马鲜生真正的顶层设计。

侯毅说，这些一开始走了的老年人，后来在家里让孩子们帮他们装好了盒马鲜生 App，装好了支付宝，绑定了银行卡，又都回来了。一部分老年人也开始慢慢接受这种方式，因为盒马鲜生的性价比确实出众。

送：构造 3 公里半径的"盒区房"

接下来的问题是，怎么让已经品尝过盒马鲜生的海鲜，也装了盒马鲜生 App，不想出门买东西，但又住得不远的人群，爱上在线上 App 买东西？

一个字：快。

下午 4 点多，你还在上班。今天你特别想在家里吃一顿饭，可是家里没吃的，怎么办？下班后再去菜场？一是菜可能不新鲜，二是绕路买菜，到家就很晚了。这时，如果你的办公室或者你家在盒马鲜生门店 3 公里的范围内，你用 App 下单，30 分钟内，新鲜的蔬果和海鲜就能送到你手中。

"突然想要，而且还要立刻拿到。"快到这个程度，用户才不会觉得在 App 上买东西不方便。

可是，30 分钟送货，怎么才能做到？用科技提高效率。

走进盒马鲜生门店，你一定会注意到它的第三个重要特质，那就是店面天花板上的智能悬挂链传送系统。

盒马鲜生的门店分成几个区域，每个区域都有一些拿着 POS 机的店员在跑来跑去拣货。店员把本区域的商品拣好、装在袋子里后，挂在悬挂链上，就会被传送到后场汇集。然后，后台打包装箱，交给快递员送货。整个过程不能超过 10 分钟。

快递员接过包裹后，骑上电动车就往用户家里跑，20 分钟之内，送到用户家里。

10 分钟出货，20 分钟送货，一共 30 分钟。确实快。甚至，有房产中介造出了"盒区房"的概念。什么是盒区房？就是盒马鲜生门店 3 公里范围内的房子。比如，有业务员介绍说，这个房子不仅是学区房，还是盒区房，生活品质很高，所以价格贵一点。

这样的送货速度，不仅让用户体验飙升，还降低了物流成本，因为最后一段路不需要用冷链车配送了。而这一切都源自强大的仓店一体的天花板拣货 IT 系统、干线物流系统和卖场规划系统。没有在这三个领域的足够经验，就很难实现。这时，侯毅的 IT 背景又发挥了巨大的作用。

回到侯毅和张勇最开始的见面。坪效极限激发了顶层设计，顶层设计又倒逼出"吃—转—送"三步法。如果没有"30 分钟"这个顶层设计要求，可能也不会"逼"着侯毅把自己的毕生所学用到极致，来实现这一高难度目标。

消费者获益：商业变革的第一推动力

"吃—转—送"这个变革，是非常困难的。其实，所有的变革都是困难的。要想获得成功，需要找到好的帮手。可是该找谁呢？

在零售领域，没有比用户更好、更强有力的帮手了。但是，如何得到这个帮手的帮助呢？只有一个办法，那就是让消费者获益。只有消费者真正获益了，这个交易结构才有源源不断的动力，并最终实现规模化和盈利。

在和我们交流的过程中，侯毅一直提到"消费者获益"这个逻辑。不耍花枪，不搞噱头，实实在在地从消费者需求出发，解决他们的痛点和关心的问题。虽然可能比较吃力，比较困难，却是最有效、最有竞争力的变革方式。困难一旦被克服，就会立刻转化为巨大的优势。竞争对手要获得同样的优势，需要克服同样的困难，没有捷径可走。

盒马鲜生怎么做的呢？这里举几个例子。

以鲜奶为例，有经验的人去超市买牛奶，通常会拿货架深处的牛奶，因为里面的最新鲜，外面的最不新鲜。虽然外面的牛奶并没过保质期，但消费者总是倾向于喝尽量新鲜的牛奶，最好是当天的。

这说明，只喝当天的奶，是消费者的真实需求。

侯毅决定，倒逼自己。他做了7种不同颜色的奶瓶，每天卖一种（保质期7天）。这样，前一天的牛奶就没法混入第二天的销售了。这种只卖当天最新鲜牛奶的做法，果然大受消费者欢迎。

盒马鲜生干脆做了一个品类，叫作"日日鲜"，包含鲜奶、蔬菜、肉类、蘑菇等商品，都是只卖当天的，共计50多个品种。通过大数据系统，盒马鲜生能很好地把控进货量及销售量，万一有个别卖不完的，还能提早做精准化促销，防止产品浪费。

第二个例子是永远无条件退货。

为什么出这个政策？我们前面讲到，生鲜很难标准化，所以品控非常难。这个不确定性风险，必须有人来承担。

在过去，这个风险由消费者承担。哪能每次买到的产品都顺意呢？苹果是树上长出来的，又不是机器做出来的。消费者虽然有怨言，但也能理解。

但是，盒马鲜生是被门店武装了的生鲜电商，如果总是要赌送货到家的生鲜水果时好时不好，一定会大大降低消费者网上购买的热情。

为了克服这种靠流程、靠标准无法消除的差异，盒马鲜生提出了一个逻辑：永远无条件退货。消费者买到的生鲜产品，有任何理由不满意，都可以免费退货，无须举证，快递员直接上门取货。生鲜产品一退货，基本上就等于货损了，但是为了贯彻消费者获益这个理念，盒马鲜生还是坚持做了。

结果，执行这个政策之后，退货率非常低。而且这个政策打消了用户的疑虑，反而提高了用户黏性。

第三个例子是产地直供。

盒马鲜生有专业的供应链团队，门店开到哪里，就和当地的供应商建立联盟，甚至直接组织农户进行生产。在海鲜方面，它自建了很多直采基地，明星产品帝王蟹就是在直采基地出产的。

盒马鲜生将这些上游供应链整合的获益，都反映在了商品的价格上，让商品有了比较好的性价比，既新鲜又实惠。

我们应该向盒马鲜生学什么？

盒马鲜生现在非常红，亚马逊 CEO 贝佐斯、星巴克创始人舒尔茨这样的国际巨头都去参观过。国内很多零售企业也正式地，或者悄悄地去门店学习过。

其中一些人看完后说："它现在做的这些，我们都在做，而且做得比它好。""它看起来是不懂零售的人做的，你看它货架那么矮，距离摆那么宽，这样效率不高的。"

我听完后跟他们说，你如果这样去看，就千万不要学，因为你学了必死无疑。你看到的都是线下的样子。如果你没有从逻辑上看明白盒马鲜生"被门店武装了的生鲜电商"的本质，跟着它学线下的做法，会越做越贵，越做越重，因为你没有线上的营业额可以弥补。

我们到底应该向盒马鲜生学什么呢？

第一，顶层设计。

做真正的商业创新，首先要想明白它的基础逻辑，理清楚它的顶层设计。在顶层设计中，新交易结构相对于旧结构的优化，就是这件事的"效率空间"。

对盒马鲜生而言，凭空增加的"线上总收入"，就是它的效率空间。盒马鲜生的一切动作，都是围绕这个逻辑，在这个效率空间里来做的。而"吃—转—送"三步法，其实是这个效率空间的三根支柱。

第二，本质思维。

做任何一种商业，都需要找到其最本质的原理。

门店的本质是什么？对盒马鲜生而言，门店的本质就是流量收集器，是交易的起点，而不是终点。如果对门店本质认识不同，就算两家生鲜超市长得几乎完全一样，结局也一定会不同。

SpaceX 的创始人埃隆·马斯克前段时间发射火箭，并成功回收。那么，火箭的本质是什么？它就是一辆"出租车"，把客人送到目的地。但是，哪有送一次客人，就烧掉一辆出租车的？既然是出租车，就要被反复使用。所以，马斯克要回收火箭，下次再用。SpaceX 所有的努力，都是为了达成"重复使用"这个目标。

第三，消费者获益。

要知道，消费者是整个交易系统中一切动力的源泉。所以，当你想变革一个行业时，出发点必须是让消费者获益。只有让消费者获益的变革，才是有澎湃动力的变革，才有可能颠覆这个市场原有的交易结构。

世界上有两类商业模式：一类是将产品利润做高，让企业收益扩大，如苹果；另一类是将产品利润做低，让消费者得到实惠，薄利多销，如亚马逊。侯毅更推崇第二类企业，并且正在身体力行，通过"人货场"的重构，缩短供应链，拉低商品价格，让消费者真正受益。

※　※　※

不管是小米的雷军，还是盒马鲜生的侯毅，对他们深入调研越多，我就越深刻感知到什么是新零售。他们俩，以及这个时代的所有开拓者，其实都是在用不同的方式告诉你：

新零售，就是更高效率的零售。⊖

盒马：从创新者到输出者

2018 年 9 月，盒马鲜生 CEO 侯毅披露了盒马低调经营 3 年后的首份成绩单：截至 2018 年 7 月 31 日，运营 1.5 年以上的 7 家盒马成熟门店，单店日均销售额超过 80 万元；以平均营业面积 4 000 平方米计算，单店坪效超过 5 万元，相当于同类大卖场的 3 倍以上；线上销售占比超过 60%。这份数据远远超过传统超市。

在门店数量上，继 2016 年和 2017 年开出 25 家门店后，盒马在去年"舍命狂奔"，实现了新开 100 家门店的预期目标。根据盒马官网数据，截至 2019 年 2 月 28 日，全国共有 138 家门店，分布在 21 个城市，服务 1 000 万以上用户。其中，既有上海、北京、深圳这样的发达一线

⊖ 本案例为《商业评论》"新零售 100 案例库"第 001 号。

城市，也有杭州、成都、武汉这样的新一线城市，还有西安、贵阳这样的西部内陆城市，以及宁波、苏州、青岛等东部发达城市。

侯毅在盒马首届供应商大会上透露，中国的零售业是个超级的大蓝海，盒马的目标就是要占到中国生鲜食品市场 30% 的份额，销售规模达到上万亿元。为此，盒马希望到 2021 年能够完成中国一二线城市的全覆盖，门店数量达到 1 000 家，服务 3 亿消费人群。

换句话说，在接下来的一两年里，盒马将以更快的速度进行规模化扩张。

创新，无止境

作为阿里巴巴探索新零售的首个样本，盒马无疑是个地地道道的创新者。到今天，盒马"生鲜超市 + 餐饮 + 电商 + 物流"的新零售模式已然得到验证，接下来要做的就是复制了。但是，盒马就是盒马，其创新者的基因一直在驱动着它。于是，在盒马"狂奔"的同时，我们也可以看到它不断在摸索新的业态和运营模式。

盒马集市。2016 年 12 月 12 日，盒马集市首店在上海八佰伴上海湾开业。盒马集市可以说是盒马鲜生的扩大版，或 2.0 版本，两者的主要区别在于：经营面积约 10 000 平方米，相比盒马鲜生 4 000~6 000 平方米的门店面积有大幅增加；集市内业态更为丰富，其中餐饮占比 50%，还加入了花店等业态；盒马鲜生定位是 80、90 后中高端客户群，盒马集市更多瞄准家庭人群，需要一站式购物＋餐饮的客户群；同时，天猫超市在盒马集市落地，消费者可以在集市里的天猫超市购买网店食品。

侯毅说："中国人日常在三个场景，即在家、办公室和购物中心，分别有不同的需求。盒马集市是真正意义上的超市和餐饮、百货服装、休闲、娱乐，线上和线下完全融合的商店，它倾向于把购物中心的事情做好。"

F2 便利店。从侯毅说的"三个场景"来看，盒马鲜生和盒马集市分别对应的是家和购物中心，那么，办公室场景的需求又如何来满足呢？盒马给出的方案就是，2017 年 12 月在上海白金湾广场首次登场的 F2 便利店。

F2 是主打 Fast & Fresh 的餐食可预约便利店，针对高端商务办公区域，意在解决传统便利店排队等点餐、等加工、等结账的痛点。F2 没有外卖配送的服务，消费者在办公室通过手机下单支付，临近预约时间，前往店内自提。取餐后，消费者可以在店内就餐或打包带走。侯毅表示，盒马便利店做到了下单移动化、交付自主化、商品自动化、门店全程数字化管理，实现了有人和无人之间的效率优化和无缝连接。

机器人餐厅。餐饮是盒马新零售模式的一大特点。为了给消费者提供更好的餐饮体验，盒马利用数字化和 IOT 技术，率先在国内推出了机器人餐厅。盒马的第一代和第二代机器人餐厅，分别在 2018 年 2 月和 10 月登陆了上海南翔东方伟业广场和国家会展中心。

盒马机器人餐厅没有服务员、收银员、传菜员，消费者进入餐厅，先用盒马 App 扫二维码，系统会根据就餐人数分配桌号。落座后，消费者扫描桌面二维码进行点餐支付，然后就等着送餐机器人陆续将餐品送至桌前。第二代机器人餐厅基本能够实现 30 分钟内上菜，传菜最快只需 40 秒。

据介绍，机器人餐厅的每一道菜肴都能实现可追溯。通过 RFID 技术，可以绑定菜品与桌号、消费者账号，菜品从下单到粗加工、精加工、热加工，每一个环节都被系统记录。这样不仅能让消费者吃得更放心，而且后厨管理实现了数字化，每个人的工作效率都是透明的，从而提高了出餐速度，减少了等待时间，提升了消费者的就餐体验。

盒马云超。为了扩展盒马门店的配送范围和商品种类，2018 年 3 月盒马在上海地区测试了"次日达"的盒马云超。这样，距门店 3 公里以外的消费者也可以在盒马 App 上购物了。据侯毅介绍，盒马云超的 SKU 数量在 20 000 个左右，比盒马门店多出了厨具、日百、美妆、成人等品类，在上海地区上线后，日订单量将近 2 万单。同年 4 月 1 日，盒马云超在北京上线。现在，盒马云超在北京可以做到五环内配送，上海地区则实现外环内包邮。

据悉，盒马云超会先把订单量累积到一定数量，再启动仓库作业。也就是说，在知道当天订单量的精确数量和商品分类之后，再确定最佳出仓方法。盒马云超还取消了分拨中心，商品从物流中心出货后，直接用大卡车夜间运到盒马鲜生门店停留周转。

盒小马。无论从现有门店，还是从侯毅宣布的发展目标来看，盒马鲜生门店将优先覆盖一二线城市。那么，对于其他城市的消费市场，盒马该怎么去满足呢？把盒马鲜生这种大体量的门店开到三四线城市，显然是不经济的。于是，盒小马应运而生。

盒小马是盒马鲜生与大润发联合孵化的新零售物种，主要瞄准三四线城市或生活小区的新零售需求。盒小马可以说是盒马鲜生的"浓缩版"，门店更为紧凑，面积介于 500 ~ 1 500 平方米。门店主打生鲜品类，包括蔬菜、冷冻商品、肉类、奶制品及少量面包和熟食，生鲜面积占比超过 50%。同时，盒小马也采取店仓合一、线上线下一体化的运营方式。消费者既可以在门店购物、自助收银，也可以通过手淘"淘鲜达"线上下单，周边 3 公里 1 小时配送到家。

自 2018 年 6 月初开出首家门店开始，盒小马至今已经拥有 12 家门店，覆盖了南通、马鞍山、松原、泰州、阳江、安庆、海门等三四线城市，对盒马鲜生形成了一定的补充。

付费会员制。2018 年 4 月，盒马在上海推出年费为 188 元的"盒马 X 会员"计划，消费者购买会员资格后，可以享受每日 0 元购、每周奶票、免费换购、会员专享价、专属配送、尊享客服等三大类九项权益。

2018 年"双 12"期间，盒马启动了"盒区生活节"，主推"盒区生活卡"，进一步试水付费会员制。消费者领取卡片后，即可享受百款商品买一赠一、价值 200 元优惠套券等活动。截至 11 月 29 日，已有约 10 万名消费者领取了"盒区生活卡"，体验盒马的付费会员权益。

通过"双 12"的试水，盒马有意在 2019 年将 X 会员计划推广至全国。

创新者，更是赋能者

阿里巴巴 CEO 张勇曾在内部会议上表示："新零售没人做过，阿里巴巴要先尝试。试错的事情自己来做，成功的经验和产品赋能给合作伙伴。"

盒马是阿里巴巴新零售的探路者，经过 3 年的运营实践，其模式已经得到成功验证，并沉淀了一套零售业数字化升级系统，可以对零售业进行输出和赋能。

2018 年 9 月，盒马在云栖大会上发布新零售操作系统"ReXOS"。ReXOS 基于盒马的业务实践，包含门店、App、仓储物流、餐饮管理等一整套系统解决方案，能实现线上线下无缝连接。

比如，在门店管理上，盒马提出大中台、小前台的概念，要让所有门店可以用系统解决的事情全部用计算机和人工智能来解决，包括调配、自动补货、门店考核等，而门店员工主要聚焦面销。

ReXOS 的终极目标是，将线上、线下的零售业务重构整合，实现类似原来线上的精准和智能管理。能够精确的，绝不模糊。能够用机器智能取代的，决不用人工。网络协同，数据驱动，使原来粗放、基于经验和人工的零售管理精准化和智能化。

在云栖大会上，盒马还同步推出了首款新零售智能硬件——AI 驱动的智能收银机 ReXPOS 机。据介绍，ReXPOS 机平均 24 秒能完成 4 件商品的扫码支付，使收银人效达到行业平均水平的 4 倍。

"ReX 品牌的推出，意味着盒马正式从零售公司走向科技公司。"侯毅说，"马老师曾对我说，老菜（侯毅花名）卖的不是菜，是生活方式。而现在，我们卖的是高科技服务。"

虽然 ReXOS 系统和 ReXPOS 机是在云栖大会上正式发布的，但盒马的模式输出早在此前就已经在大润发、新华都、欧尚、三江购物等连锁零售品牌落地了。

大润发的数字化改造从 2018 年 3 月就开始了。原计划用 2 年时间完成对大润发所有 400 家门店的改造，结果到 2018 年年底就提前结束了。

据盒马发布的数据，大润发运营 3 个月以上的淘鲜达店铺（经过盒马模式改造、接入手机淘宝），单店日均新增线上订单 1 200 单以上，单店月度销售额提升 10% 以上，单店累计新增年轻顾客 2 万人。

我们究竟应该如何认识盒马?

张　影[⊖]

很多人听说盒马是因为超市里的大海鲜柜子,也有人认识盒马是因为收银台不收现金,还有人是因为它能做到30分钟把下单的货品送到家里,这些都是盒马让人惊叹的地方。但是,要真正认识盒马,就需要绕开这些表面的东西,问一问"它是怎么做到的?"以及"做到了又如何?"

零售是一个古老的行业。提高效率和利润的各种方式,在这个行业的演进过程中已经被各种人尝试过了。在盒马之前的零售,虽然效率仍然低下,但已经是经历上百年优化之后的最佳产物。也就是说,如果没有革命性的变化,零售效率的提升,也只能是细枝末节的变化。

⊖　张影,北京大学光华管理学院副院长,营销战略及行为科学教授。

通过盒马切入生鲜的阿里巴巴，显然没有兴趣对这一类零售做修修补补的改造。如果需要有质的提升，就需要一个工具。这个工具，在当下，就是整个阿里系积累的有关商业的海量数据，以及能让这些数据发挥最大效率的算法。这些数据有关于产品的、关于消费者的、关于运力的，甚至是关于天气和路况的。并且，只有把所有数据聚在一起做通盘考虑，才能在表面上实现看得到的高效。这种对数据和算法的依赖，是让盒马从根本上不同于其他零售商的最重要的方面。也就是说，**要认识真正的盒马，重点是要认识它是如何用数据来优化所有流程的**。看清楚了盒马的根，才能看清楚盒马的未来。

让我们以30分钟货物限时达举例。对配送有如此高的要求，需要的不仅是流程上万无一失，从拣货到包装再到运输过程中的滴水不漏，更重要的是一个系统对运力的精准调度，以及通过算法对一系列配送中相关情况的优化。这个能力是区分盒马同其他所有形似盒马的业态的最核心点。可以说，如果没有背后的海量数据支撑，盒马就不是盒马。

比如说，如何选择最优线路以实现配送成本最低和实效的平衡？这一单由谁来送？他/她对这个区域和品类是不是熟悉？他现在在哪个位置？送这一单时是不是可以送其他单？如果是，应该先送哪一单？这一单结束后需要去哪里？……

任何人都无法对这些问题一一作答，因为它需要的信息是海量且动态的。然而，基于数据的算法在处理这些问题时就游刃有余了。也就是说，盒马的核心竞争力之一，就是利用技术手段快速回答这些问题的能力。

然而，零售并不仅仅是配送问题。从根本上说，消费者最核心的体验是能够用合适的价格买到他们想买的东西，而这就造成了对货品的要求。虽然琳琅满目是我们一贯形容优秀零售的词汇，但简单增加货品数量并不能解决这个问题。一方面是因为货物的增加会让购物挑选本身变得困难，另一方面也牵涉到货与场地费用的平衡问题。

什么地方配什么样的货品——既能使消费者挑到想要的东西，同时商家的场地费用又在可控范围之内，是零售面临的第二个挑战。面对这个问题，盒马的答案是智能的订货库存分配系统。这个系统之所以能够实现将货品做到最优，是因为它背后不仅仅是盒马自身的销售数据，更是整个阿里体系的所有数据，从消费者区域画像到货品的流通，甚至是供应商的库存。在所有的数据基础之上，盒马作为一个销售平台来做不同区域商品分配的预测，既能满足消费者需求，又能使成本最优化。

零售从本质上来说是一个"人、货、场"的匹配问题，而生鲜和超市正因为时效性和高频，成为零售行业中最难攻克的堡垒。**盒马从诞生开始就用另外一种方法看零售，将数据和算法作为它的底层基础，通过技术优化流程和一切操作，从而影响零售的效率**。从这个角度来看，虽然盒马有着让人惊叹的店面和熙熙攘攘的人流，但是真正的盒马是一套看不见摸不着，流淌在空气当中的数据，更是基于这些数据对整个流程甚至整个行业上下游的优化。一旦了解了这个，我们就能清晰地看到，盒马未来输出的一定是数据、技术和流程。所以与其说它是一个超市，不如说它是一家科技公司，一个根植于生鲜零售的科技创新体。

特步：云端上的跑鞋

陈赋明^一

9 000，100%。

看着这两个数字，90后帅小伙张志明心里翻涌着喜悦。他知道，自己两年前转行转对了，他找到了一个蒸蒸日上的好平台。

张志明眼前的数字，是他带领门店6名伙伴在2018年收获的成绩。前一个数字是累积的会员数量，后一个是年销售收入增长率。而他庆幸自己找到的这个平台，就是给用户带来"非一般的感觉"的特步，一个开创了国内时尚运动先河的体育运动品牌。

我们且不论这两个数字在同业门店里面是不是算好的，甚至在特步自己的门店里算不算突出的，但从张志明

㊀ 陈赋明，《商业评论》栏目主编。

的门店来看，其销售额可是比2017年足足翻了一番。

　　张志明是2017年2月来到特步的，之前在一家制服定制企业跑业务，因为淘宝电商的兴起，客户都到线上去定制了，无奈之下，他只好转行。既然人们生活都离不开吃穿，那就去这些行业试试做零售吧。就这样，他成了特步在泉州一家门店的店员。半年后，他调到了厦门，接手了现在的门店，成为一名店长。

　　张志明的店位于一个城中村，他接手的时候，这家店属于特步的第6代零售形象店，经营模式传统，货品结构也不好，新货比较少。因为门店业绩不太好，所以店员的士气较为低落。

　　到2018年，这家店已经开了4年，累积下来有记录的会员有4 000多个。但这些会员中，有过两三次复购的只有几百个。也就是说，看上去手头有这么多会员数据，90%名存实亡。

　　2018年7月，张志明迎来了重大改变。他的门店升级为特步最新的6S店，不仅店面形象进行了升级装修，还增加了非常多的营销内容，如店铺发光道具、促销赠品等。货品结构调整也很大，铺进了大量新货。张志明和伙伴们还学习了大量与产品、服务、会员相关的知识。

让张志明感到新奇的是，门店同步进行了智慧化改造，实现了店员、商品、店铺、服务、支付的在线化，晋升为新零售智慧门店。

这一番"脱胎换骨"仅过去不到半年，他和伙伴们就收到了本文一开头提到的"喜报"：

- 门店会员数量翻了一番，达到了近 9 000 人。而且，新增的 4 000 多会员中，近一半有过复购。店员不仅知道所有会员的姓名、性别、联系方式、爱好，还跟他们建立了一对一的好友关系，随时在线沟通互动，提供个性化的产品和服务。

- 门店 2018 年销售收入同比增长超过 100%。

- O2O 订单量增长迅速，尤其在 2018 年"双 11"，一天内 O2O 订单收入就有 6 万多元，光发货快递费就花了 1 000 多元。

- 店员稳定性大大改善。改造前半年内，店员流失了一半多，改造后，只有一个店员离开。会员数量增加，复购率提升，门店销售收入增加，店员的收入也随之增加，店员自然也就稳定了。

张志明的门店，只是特步 4 300 多家新零售智慧门店中的一个。据悉，在跟阿里巴巴合作新零售的所有品牌商中，特步的新零售智慧门店数量是最多的。单凭这一点，足可见特步向新零售转型的魄力和决心。

那么，特步的这份魄力和决心从何而来呢？他们是怎么踏上新零售之路的？他们对新零售有着怎样不同的理解和思考？又做了哪些探索和实践？就让我们走进特步，一探究竟吧。

零售事，无止境

自新零售浪潮兴起以来，许多企业都在思考和探索。如果你曾走近它们，并和它们的管理层有过交流，你一定能听到这样一种声音：在新零售概念出现之前，我们其实已经在做了，只是不知道这就是新零售。

不敢说这些企业在做这些事情的时候，是否真有新零售背后的商业逻辑和系统深度，但是，从它们身上可以清晰地看到一点：不管是这些企业还是阿里巴巴，大家对未来零售的思考和探索是不会停歇的，而且总体上都在朝着同一个方向前进。

特步也一样。在跟阿里巴巴合作新零售之前，它也在探索自己的未来零售。那么，它都摸了哪些"石头"呢？

POS 系统：让门店运营透明起来

任何企业做新零售，都会有一个组织承载者。在特步，这个承载者就是新零售运营中心高级总监李波。李波说自己是"从中国本土市场成长起来的零售人，套用一句话——专注零售 20 年"。2015 年年初进入特步之前，李波先后在可口可乐、李宁、阿迪达斯等品牌工作，一直聚焦在品牌零售领域。

正因为是个零售"老兵"，他来特步后就肩负起了线下零售管理。"从 2015 年到 2017 年，特步花了近 3 年时间完成了零售转型的第一步，我和同事们一起为此努力，并见证了整个过程。"李波很自豪地说。

在此之前，特步跟很多鞋服企业一样，走的也是批发模式。货品生产出来后，根据 6 个月前签订的订货量，把货品发给总代了。虽然在组织架构上，全国 40 多个总代都是接受特步管理的分公司。但实际上，总代怎么在自己的门店进行销售，又怎么分销给加盟商，特步基本上是很难管控的。

在渠道为王、快速扩张的时代，这种经营模式有其显著的优势。然而，在消费者意识逐步崛起的互联网时代，远离门店终端，就意味着远离消费者，这对品牌商来说已经成为一个可以清晰预见的战略威胁。

特步不可能改变多年来建立的代理经销模式，也不太可能自己直接去管理和运营 6 000 多家门店。于是，特步零售转型的第一阶段主要落在了两个方面：门店运营数据化和门店店员社群化，目的是要提升渠道质量、产品力、商品运营力和零售执行力。

"要抓住终端，不一定非得直接去管理和运营，通过引入系统，我们就可以离门店很'近'，实时'看到'店铺运营和店员状况。"李波解释说。

特步给门店导入了 POS 门店运营系统，里面集成了会员系统、收银系统、库存系统等。有了这套系统，就有了运营数据和报表体系。这样，"不仅可以知道门店运营状况，还可以引导大家关注销售。不是看今天卖了多少钱，而要看这些钱是怎么卖出来的，什么产品卖得好，是新品还是旧品，是鞋子、服装还是配件，是高价卖的还是低价卖的，是老店卖的还是新店卖的，哪些产品卖得快，哪些卖得慢，等等"。

有了运营数据，还可以指导分公司及时进行货品调拨或促销。现在，他们可以跟踪每一款货品的销售速率，看在单位时间内，一款货品卖出了多少。如果发现某款货品的销售速率高了，就赶紧提醒分公司补货，甚至通知后台做快速返单；如果销售速率低了，就建议区域之间或门店之间进行调拨，不行的话，赶紧打折促销。当然，他们不会实际跟踪每一款货品，一般只跟踪销量排在前 20 位的货品，因为它们差不多能占到百分之四五十的生意。

调拨、促销的建议或指令会从总部发出，下达给相应的分公司。李波举了一个例子，比如有几款鞋出现滞销的迹象，总部的商品部门就会制订一个促销方案，然后零售部门会针对这几款鞋，确定在门店的陈列方式以及 POP 设计方案，同时培训部门会设计促销话术，并通过一个叫作"超级导购"的店员社群 App，对店员进行在线培训。等所有方案和物料都到位了，就分发给各个分公司开始执行。在执行过程中，门店还需要对促销情况进行拍照回传。这已经形成了一套非常完整、成熟的链路。

POS 系统的接入，还让所有门店的库存变得可看见、透明化。就拿张志明的门店来说。一碰到顾客想买的货品出现断码，张志明和店员就会到门店系统里进行同商圈查询，看看这个商圈的其他门店是否有这个码的货。如果顾客着急等着要，他们会在系统里申请调货，然后到其他门店取货，拿回来给顾客试穿。如果顾客不着急，他们会申请调货，并跟顾客约好其他时间来试穿，或者直接让其他门店把货品快递给顾客。

李波带领团队还逐步给线下零售建立起完善的培训体系、晋升体系、薪资体系、大节促销体系、新店开业体系、主推款体系等，并编写了仓库手册、导购手册、收银手册、店长手册，分发给每个门店，便于店员（尤其是新店员），随时查阅，快速掌握门店运营管理工具。

超级导购：打通公司和店员

特步的整个生意总体上分为两部分，一个是我们一般人认识的特步成人运动品类，在特步内部称为"大特"，这部分生意是大头，占到了特步集团差不多95%的收入。另一个是特步的儿童运动品类，内部称为"小特"。

掌管整个大特的是特步大盘CEO李冠仪。在2014年加入特步之前，她一直在国际品牌公司工作，先后出任阿迪达斯中国北区总经理、Esprit中国区CEO。邀请这样一位"资历雄厚"的CEO来统帅大盘，可见集团CEO丁水波对特步未来的期许。

李冠仪透露，特步有6000多家门店，分属于40多个分公司。以前，每次总部有新的政策、活动或指令，都是从总部到分公司到区长（负责所在片区的所有门店）再到门店，这样一层一层往下传递。很多时候，在传递过程中，因为不同层级对事情的理解和认识不太一样，到最后，"信息往往会断流，根本到不了店员那里，变成没人指挥，更没人执行，结果不了了之"。

李波则分析了这样一组数据。他说，一个普通店员进店3个月后，一般情况下，每单交易的货品数量（即连带率）能有1.3件，6个月后大概是1.8件，1年后能到2.2件。而店员通常留存时间在8个月左右，如果能够让他留存到1年以上，同时加快店员的成长时间，就会让生意有很快的提升。

而且，店员的频繁流动还会影响门店日常运营和顾客体验。张志明说："如果店里的同事流动少，彼此就很默契，不会出现什么差错。如果总有新人进来，在重新培养的过程中，就会出现很多状况，比如找错鞋，找错服装，货品解释不当，跟顾客产生分歧等。这样的意外对生意影响不小。"

正因为有上述痛点，加上店员又是消费者与品牌之间最有效、最直接、最有温度的触点，李波把特步零售转型的另一个重要环节放在了店员身上。"我们要让当时2万多店员能够聚在一起，可以快速沟通，以解决上传下达、店员培训、店员留存、市场反馈等问题，提升管理效率。"

于是，便有了上文提到的"超级导购 App"，通过手机端，使公司与所有店员连接起来，同时也为所有店员构建了一个属于大家的社群。

李波特意给我展示了他在手机上安装的"超级导购 App"，里面几乎包括了门店运营的所有相关环节和问题，如培训、激活、销售技巧、问题、大节、陈列道具、形象、促销、退残，等等。此外，还有店员的互动消息，如"我们的小咖秀""我们一起来跳操"等。

李冠仪也对"超级导购 App"肯定有加："通过这个平台，跟门店运营和店员有关的所有资源，都直接落到了门店。这个系统已经运营了 3 年多，对线下门店的赋能是非常高的。"

2015—2017 年的零售转型，给特步带来的最大改变是什么？

李波给出了这样的回答："让整个组织从上到下，开始关注零售的细节。我们现在的零售 KPI，不是很粗放地去看卖了多少钱，而是关注单品的到货、售罄、利润，单店的成交、利润，单人的成交、贡献，关注的是品效、店效、人效。接下来，我们会更关注会员的单客贡献。"

特购会：找到一个清货主力军

2016 年以前，特步 2 年以上的存货基本上都是通过工厂店、特卖场进行消化的。后来，代理商都不愿开工厂店了，因为"投入高，收益少，不划算"。李冠儀为此找了 N 个分公司代理商去谈，可是"他们就是不愿开，最后气得我说，'你们不开，我自己开。'但是，转念一想，我们自己怎么可能去开工厂店，我们连直营店都没开过"。怎么办？

这时候，IT 小伙伴出了个主意："要不，我们直接到工厂去卖，然后做一个线上特购商城，把工人都引过去？"

对于这个主意，好多人都说不行，但李冠儀觉得这个行。顶着无数压力，李冠儀组织了几个人，开着小货车，拉了 3 天的货，直接到自己的工厂、兄弟单位的工厂，或者矿区去卖。

"我们事先跟工厂的工会谈好，告诉他们'我们是一个知名品牌，产品质量很好，就是款式旧一点，但价格实惠，性价比很高。'结果，工人都是十件二十件地买，买回去给家里人穿。3 天的货很快就卖完了，我们还跟工人说，你们可以直接上我们的特购会网站去买，我们会给你们快递过来，甚至可以帮你们快递到老家。"谈起这档事，李冠仪现在仍然有些小激动。

就这样，拉上 3 天的货品到工厂卖，然后引流到线上，3 年过去，特购会已经成为特步消化库存的一个生力军。而且，它跟其他渠道完全区隔，互不冲突。现在，他们早已不用再开着小货车去叫卖了，并且还开发了小程序、H5 版本的特购会。

"特购会是一个从零开始创造的渠道，而且一上来就是线上线下融合互补。它是持续的，因为你总有周转货。这样的话，等于我的渠道实现了分级，我的货品也实现了分级。比如说，旗舰店应该卖什么，购物中心应该卖什么，街铺店应该卖什么，特购会应该卖什么。而且，不同渠道对应的消费者是有所区别的，某种程度上，等于又把人和货进行了匹配。"李冠仪总结道。

到今天，特购会沉淀的会员已有几十万，其中活跃会员接近 20%，具有很高的黏性。他们是特步会员生态的组成部分，拥有自己独特的标签——城市打工人员、低收入人员、家庭主妇等，对品牌有一定的认知，对质量有要求，同时对价格比较敏感，是相对理性的一群消费者。

"对于这个会员群，我们线下吸粉已经减少，更多是通过线上拉新。我们根据会员画像，到折扣网站、保安群、小区妈妈群、家政群等推送营销内容，转化率能达到12%～15%，远高于传统的电商平台。"李波说。

跑步俱乐部：打造跑步生态圈

邀请娱乐明星做代言人，致力于打造"时尚＋运动"的独特品牌定位，让特步成为国内运动品牌中一道亮丽的风景线，并因此成就了特步国内领先者的地位。

对于特步的这一品牌定位，特步品牌系统高级总监吴丽欣解释道："相比很多运动品牌单线驱动，我们特步是双轮驱动。在专业运动方面，我们根据不同专业人群的需求，打造不同的专业产品和服务。同时，对于非专业人群，我们把时尚元素融入运动，让他们在运动中获得更多的快乐。就算是一个专业人士，在运动赛场上拼搏，回到生活中，他也会有休闲、时尚的一面。特步品牌就是这样的一个双面体，服务于不同的目标人群。"

作为运动品牌，特步为国内外许多运动赛事和团体提供过赞助，比如马拉松比赛、足球联赛、足球俱乐部、全运会等。不过，在国内消费者的印象中，特步很多时候是跟娱乐明星和时尚联系在一起的，这在一定程度上弱化了特步产品的专业性。

2015年，特步强势回归运动，提出了以消费者体验为核心的"3＋"战略，即让产品升级换代的"产品＋"、将产品和服务融为一体的"体育＋"、追求线上线下充分互动的"互联网＋"。

作为"3＋"战略的落地项目，特步开始组建跑步俱乐部，打造跑步生态圈，致力于成为中国大众跑者的首选品牌。之所以选择跑步项目，首先，特步在这项运动上有很好的群众基础。特步从2007年起就开始赞助国内马拉松赛事，是大中华区赞助马拉松赛事最多的运动品牌。其次，跑步装备也是特步最核心、最具实力的专业运动品类，配备了动力巢、减震旋、气能环、酷干、柔立方等多项创新技术。第三个原因则更为现实。李波坦言，在以运动时尚为主的特步综合类门店，虽然也展示和销售专业跑步装备，但真正的跑者很少去这类门店，导致跑步装备很难卖。

从2016年8月开始，特步跑步俱乐部在北京奥森公园、长沙橘子洲、南京玄武湖、合肥滨湖、厦门体育中心、苏州爱琴海、武汉东湖等地相继落地。这些俱乐部所在的地方，大多是当地的大型公园，也是跑者"圣地"。所以，跑步俱乐部很容易成为当地跑者的聚集交流场所。

特步跑步俱乐部以跑者为核心，从装备、赛事、社交、服务四个领域入手，提供训练营课程、跑者安全培训、存包、淋浴、步态分析、足型测试、赛事一站式报名、T恤印字、奖牌刻字等一系列独有的跑者服务。"通过这些服务，我们把越来越多的跑者吸引到生态圈里面，然后不断去激活，延长他们每个人跟特步品牌互动的生命周期。"李冠仪说道。

目前，通过新零售积极推进与公司内外的合作探索，特步已经逐步形成马拉松赛事＋321跑步节IP＋马博会＋跑步俱乐部＋线上商城＋异业合作的跑步生意闭环。

"跑步俱乐部还会继续增加。现在，我们通过跑步生态已经服务了超过百万的跑者。我们应该是国内拥有最大规模、最专业跑者社群的运动品牌。"作为特步跑步俱乐部的建设者和运营管理者，李波说这句话时，眼中闪着光芒。

O2O：线上线下融合，打下新零售基础

大多数线上线下并行的品牌都面临着两盘货的问题，如何打通是个难解的系统性工程。而O2O模式在当下看来是解决线上线下融合的最恰当的方式。特步在较早时间就开始践行线上线下融合。

所谓O2O，不过是线上线下货品共享。线上下单，线下发货。看似简单的模式，却面临着诸多变革。首先面临

的障碍就是线上线下的矛盾——货品不统一，零售价格不统一，管理模式不一样。当谈到O2O模式的时候，线上线下都保持拒绝的态度。

"那时候，线上线下打架最严重。线上不愿意去销线下的商品，因为他们无法掌控价格，同时也质疑线下的发货能力。门店导购则觉得线上抢了他们的生意，坚决抵制。万事开头难，从上到下，观念不一致，团队不健全，系统不支撑，处处是困难。"特步全渠道管理中心总监王迎新回忆道。

2015年3月，王迎新接手了O2O项目。当时，电商正在迎来流量红利向品牌红利的转变，天猫上的品牌纷纷开始加大品牌投入，各类营销手段层出不穷。王迎新意识到，线上线下统一的品牌形象、统一的服务质量马上将成为主流，那么，产品统一必然先行。于是，他下定决心强推O2O。"这个模式最好的地方在于，线上线下均可轻装上阵。线下多了线上的销售渠道，线上则可以将更好的产品引入，在不承担库存的情况下，打造出健康的产品结构。"王迎新说道。

为了解决上述矛盾，快速达到线上线下融合的战略目标，王迎新不得不多线作战。首先，取得高层的共识。其次，分头说服线上和线下的团队，因为仅靠行政命令是解决不了那些看不见的问题的。"当时的状态完全可以用周游列国来形容。"王迎新笑着说。

对线下，他从售罄率提升、长尾利益、数据积累、消费者体验等角度来陈述利弊，终于打动几家分公司愿意尝试。对线上，他则陈述了品牌的力量、统一的力量。他还不断动员销售部门必须先打造几个标杆出来。

刚开始，O2O 系统没打通，王迎新就用最原始的办法，用 Excel 表格把订单数据导到线下系统，门店发完货，再把快递单号给他，他再导入线上系统。靠着原始的操作手段，一年硬是做出了 4 000 万元的销售额。

有了这个基础，O2O 中台系统的开发就能立项了，线下各分公司也看到了希望，开始加派人手，并把品牌资源与货品统一起来。到 2016 年中旬，差不多所有分公司门店都加入进来了。

如今，每家 O2O 门店每天都有大量的线上订单，发快递已成为门店的一项日常工作。O2O 不仅仅为线下增加销售，更重要的是大量就近发货的订单，把人、货、场紧密连在一起，产生大量有用的数据，对运营起到非常巨大的推进作用。

O2O 成为一个桥梁，让线上线下增进了了解；同时也是一个纽带，用共同利益把线上线下绑在一起。现在，特步所有门店都具备订单操作系统、管理体系、结算体系、快递体系、线上线下共同的售后服务体系，为新零售的推进打下坚实基础。

新起点：建立新零售运营中心

作为 20 年零售人，李波对线下零售再熟悉不过了。每年传统线下零售的生意视角基本是这样的：今年要完成多少任务，现有店铺是多少，根据同店年增长，能够产生多少流水，缺额部分需要新开多少店才能补齐，要不要发展新的代理商；需要多少产品去支撑，多少宽度，多少深度，四个季度分别是多少，高价产品有多少，低价产品有多少；有多少店员，每个人的贡献是多少，要不要增减人员。这完全是从企业视角来看零售生意。

后来，有了互联网和大数据，特步管理层对这盘生意的认识开始转向流量和会员的视角。"我大概算了一下，在线下一年差不多有 4 亿人次进入我们的店铺，这是我们的流量，应该是很可观了。但与此同时，2017 年，我们的线下会员只有区区几百万，这是这么多年累积下来的数，实在不大。而且，我们都知道，线下流量是有成本的。"李波在访谈中多次提到线下流量成本。如何沉淀和运营好这些流量，就成了特步零售转型的新课题。

2017年3月，特步成立了新零售运营中心，零售转型的第二阶段——新零售的探索和尝试——由此开启。从时间点来看，当时新零售概念已经提出，但是"大家对它其实没有一个清晰的理解和洞察。从丁总到CEO，大家都只是觉得这是一个趋势。面对未知，我们不应该拒绝，应该积极拥抱，积极探索。而且，这跟零售相关。所以，我就建了一个运营中心，把超级导购、特购会、跑步俱乐部、CRM运营、官方商城等几块放了进来。整个中心和我当时负责的零售管理中心拼在了一起"，李波说。

新运营中心被冠以"新零售"，倒不完全是因为先有了这个概念。当时，李波管的是整个零售管理中心，新零售运营中心要跟原来的零售有所区别。而且，新零售运营中心的几部分内容，跟原来那些确实不一样，得给它一个"帽子"。其实，他们想过叫新业务、新渠道、特殊业务之类的，但都觉得不妥。最后，李波说："借新零售的势，就叫新零售运营中心吧。"

在新零售运营中心成立会上，李波给大家描述了特步的新零售：我们有许许多多的用户触点，像App、小程序、社群、电商、官网、官微、官博、品牌推广、活动赞助、官方商城、线下门店、店员等。通过这些触点，我们可以把消费者吸引来，让他们成为我们的会员。然后，按照品类、需求、生活场景等，给他们贴标签，加备注，做分层。接着，再通过内容、大数据、活动等，对他们进行社群化运营、个性化互动，精准匹配他们的需求，培养他们对品牌的忠诚度。整个流程和体系，就像是一个大水池，周围有许多不同的水龙头，里面流出来不一样的水，一起汇聚到池子里。然后，经过沉淀、解析，分离出不同的内容，分别加以利用。总之，我们的基本认知是，未来一定以黏住消费者为主要目标，为消费者做垂直社群化运营，同时不断增加消费者触点。

最后，李波给新零售下了定义：特步新零售是以消费者为中心，通过科技和资源的整合，串联起品牌、店铺、店员、社群、跑者等关键营销环节，以沉淀消费者数据为手段，进而调整品牌营销资源配置，最终以提升内部管理效率，继而提升消费者体验为目的的营销管理过程。

我们可以发现，在新零售的定义前面，李波特意加上了"特步"两字。这说明，特步对新零售有着自己的认识，它要做适合自己的新零售。事实上，在2018年3月与阿里巴巴开始合作新零售之前，特步做的就一直是自己的新零售。

"新零售听起来有些空，必须把它落到特步的体系里面，所以，我就开发了一些自己的阵地。"李波介绍道。
第一部分先是官方商城运营，它承接了品牌流量和线下流量，做新品上市测试；第二部分是 CRM 运营，就是收集会员数据，清理会员标签，规划会员权益，还有经营会员黏性；第三部分是智能零售，就是运营两万多店员的超级导购，主要为了提升零售效率和店员黏性；第四部分是特购会运营，它承接了特定人群的线下流量，进行品类重组，开发新的渠道；第五部分是跑步俱乐部运营，强调品牌的跑步调性，服务跑者群体，增强跑者的黏性；第六部分是技术支持，因为新零售离不开技术的赋能。"其实这几个阵地，在新零售运营中心成立之前就已颇具规模了，只是之前没有过多的会员社群化运营。"李波补充道。

　　针对每个业务模块，李波还设定了具体的经营目标，比如跑步俱乐部服务了多少跑者，日常有多少场活动，转化了多少跑者；官方商城有多少访问量，转化了多少会员，产品点击量如何；特购会沉淀了多少会员，活跃会员有多少，客单价是多少；CRM 运营获取了多少新会员，整体会员结构如何，会员复购占比是多少；店员活跃度如何，留存率是多少；有多少社群，活跃度如何，社群转化了多少会员；技术支持响应有多快，项目实施质量如何。从这些指标，我们也可以看出，特步新零售对会员拉新、转化、复购等社群化运营的重视程度。

特步新零售运营中心下面有 6 个部门，包括跑步俱乐部运营部门、CRM 运营部门、特购会运营部门、智能零售部门、技术支持部门、零售学院。但这只是新零售运营中心的内部架构，它在运作的时候，会变成一个跨部门、跨中心、线上线下融合的联合作战团队。

为了清晰地展示新零售运营中心日常的运营状态，李波一边画着组织架构图一边说："我们会跟品牌中心要推广内容，跟 IT 中心要技术支持，跟电商的全渠道管理中心要平台资源（如阿里巴巴的新零售工具和技术），跟财务部门做移动支付账务处理，还要跟最大的合作伙伴——线下零售部门要落地执行，因为新零售的大部分落地工作都需要线下分公司和店铺配合。"

除了电商和 IT 部门的一个专门小组，其他几个合作部门都没有专门的新零售对接人。电商部门的对接人就是王迎新，因为他熟悉阿里巴巴平台的资源。"那个时候，阿里巴巴的人跟我们线下的人是没有沟通渠道的。我就成了一个桥梁，阿里巴巴的人对接我，我再跟李波他们去沟通，告诉他们是什么样的工具，有什么好处。我和李波一起来制订适合落地的方案，然后他往下推。"王迎新说。

智能导购：店员与会员结对子

新零售运营中心成立的时候，特步在组织架构上主要分为三大块：大特事业部、电商事业部和小特事业部。大特事业部是特步的核心业务单元，由公司CEO李冠仪负责。与大特事业部并行的电商事业部和小特事业部，则直接向集团CEO丁水波汇报。大特事业部下面包括了销售管理中心、零售管理中心等部门。新零售运营中心就放在零售管理中心里面。可见，一开始新零售运营中心就属于实验、探索的性质，在特购会、跑步俱乐部等阵地尝试会员运营，对特步的线下零售和电商主体，几乎没有涉及。

2018年3月，特步进行了一次组织架构的大调整。首先，将新零售运营中心从零售管理中心剥离出来，放到与销售管理中心并列的位置。李波出任新零售运营中心高级总监，全面掌管新零售，他原来负责的线下零售则归入销售管理中心。其次，将原来直接向丁水波汇报的电商事业部归入CEO李冠仪下属，形成大特的销售、新零售、电商"三驾马车"格局。

此次大调整透露出丁水波的两个战略思考：第一，经过一年多的推动和发展，整个新零售趋势越来越明朗，相关技术和工具已经成熟，到了吸收应用、全面推进新零售的时候；第二，把特步大盘的线上、线下和新零售统一到李冠仪下属，有利于统筹线上线下的所有资源，推进线上线下的融合。

与此同时，这个时间点也标志着特步正式进入与阿里巴巴合作新零售的模式。"我们自己对新零售已经有一年的摸索，对它的认识和理解也更加清晰，我们知道需要什么，什么样的工具和技术能够帮到我们。所以，虽然跟阿里巴巴合作新零售并不是最早的，但我们的推进速度很快。"李波说。

特步与阿里巴巴的新零售合作主要在两个方面：一个是接入智能导购，另一个是实现"六个在线"。

李波指出："特步的新零售从一开始就聚焦在会员运营上，我们虽然有各种各样的用户触点，在沉淀会员以及后续的会员互动上，却没有一个很好的办法，尤其是在门店这一块，因为这里是特步最主要的用户触点。当初，我们做超级导购的时候，就想过让导购去连接会员，可惜没有技术。"

正因为有这个痛点，所以李波和王迎新首先引入的阿里巴巴新零售工具就是智能导购方案。这个方案主要包括两个部分：一个是导购二维码，一个是基于钉钉的导购客户端。当顾客进入门店后，店员在接待顾客的过程中，可以适时地拿起挂在胸前的导购二维码，邀请顾客用手淘扫码加入会员。顾客扫了码，就成了特步的会员，同时拥有了自己的专属导购。也就是说，这个店员与这位会员建立了一对一的专属关系。

店员可以在钉钉上管理和运营自己的会员。他可以给会员贴标签、做备注，比如年龄、生日、工作、鞋码、颜色偏好、穿衣风格、生活习惯、身材等，只要能帮助自己了解会员，什么备注都可以。他也可以给会员推送内容，比如促销活动、优惠券、生日祝福、节日礼品、服务提醒等。会员在自己的手淘上会接收到这些信息。如果会员需要售后、咨询等服务，只需在手淘上搜索附近的特步店，然后直接点击"我的专属导购"，就可以跟导购在线沟通。

刚开始推智能导购的时候，店员并不配合。张志明说："店员习惯了传统模式，现在让顾客扫码，备注会员信息，还要跟会员沟通，他们都觉得太麻烦了。所以刚开始，有点强迫他们做，但经过一段时间的磨合，他们就习惯了，关键是也看到了业绩和收入的增长。比如，改造前后店员每月收入增长了一倍多，还不包括加会员促成交的奖励。大家的积极性自然就有了。"

王迎新喜欢用理性的场景分析来说服店员。他告诉店员，有了会员数据，可以比会员本人更了解他。做零售的人都知道，鞋子总是中间码先卖完，像42码、35码这样两端的货品，一旦缺码断号，就要打折销售，极少能正价卖出去。这时候，这些货品可能会摆到花车上做促销，还不知道消费者什么时候来买。如果你知道你的会员里面有人穿42码，而且知道他喜欢什么颜色，你就可以给他发信息，告诉他这款鞋比较适合他，而且因为是老会员，可以打85折，还送个小礼品。他很可能就买了。虽然你是85折卖的，但如果放到花车上，可能5折、3折才卖出去，还不知道什么时候有人来买。

张志明还讲到了智能导购的另外一些好处。比如，会员到门店来处理售后，往往浪费时间又耽误其他想购物的顾客。现在，会员想到门店换货，双方可以先在线上沟通好，店员直接把货品备好，等会员一来，直接拿给他就行了，不需要会员等，又可以省下很多时间去接待新的顾客。

再比如，出现产品质量问题时，可以事先沟通好，会员到店直接换货或退货，避免在门店出现纠缠，甚至争吵，对其他顾客造成不良影响。而且，由于是一对一的专属关系，平时沟通频繁，双方会比较融洽，甚至可能成为好朋友，即使真有什么质量问题，也会很好地解决。

到目前，特步已有1万多名店员连上了智能导购。截至2018年，特步线下会员已经迅速突破千万，会员增速差不多是以前的2倍。现在，每月会员招募仍在稳步增长。

上述数字让李波很开心，不过，更让他兴奋的是另外两个数字。2018年"双11"，特步推出了一个线上发券、线下核销的活动。当时，有两种发券模式。一种是系统大规模推送，告诉会员，特步"双11"有活动，买500送50，欢迎到时候用券核销；另一种是店员一对一推送，告诉会员，我们店铺"双11"有活动，上次会员看上的那双鞋子正好到货了，要不要来看看。

"一种是铺天盖地，一种是一对一。活动结束后，数据出来了。大规模推送的转化率在0.6%左右，也就是6‰，推了1 000人，大概有6人用了券。基于店员的个性化推送，转化率达到了15%，你邀请了100人，有15人来了。"李波的喜悦之情溢于言表。

在线化赋能：把特步送上云端

特步和阿里巴巴合作新零售的第二个重头戏是做到"六个在线"，即组织在线、店员在线、服务在线、支付在线、店铺在线、商品在线。"所谓新零售，其实还要检查有没有做到六个在线，如果都在线了，差不多就可以说是在线化、数字化和智慧化了。"李波解释说。

目前，特步总部加上各分公司，共有上万名办公室员工。所有人都已接入钉钉，实现了办公钉钉化。另外，特步还有 2 万多名店员，他们通过超级导购实现了社群化。其中有 11 000 多名店员得到了智能导购的赋能，在会员招募、转化和运营中获得了极大的助力。到现在，他们已经与上百万会员建立了一对一的好友关系，随时与会员进行在线互动，精准地满足会员的需求。

在特步的 6 000 多家店铺中，有 4 300 多家店铺基本完成了智慧化改造，实现了店员、服务、支付、店铺和商品在线，升级为新零售智慧门店。会员在手淘搜索特步品牌号的时候，会显示离他最近的特步智慧门店，以及该店铺导购的在线状态。

另外，在特步智慧门店中，一些核心大店还布设了智

能硬件设备，比如人脸识别、客流计数、互动大屏、3D
试衣、云货架等。2019 年，特步计划会再布设更多店。
但是，李波也坦言："目前设备成本还是过高，我们只能
选择性地布设，收集样本数据，为科学决策提供依据。"

　　2018 年 3 月开始跟阿里巴巴合作，到今天差不多一
年，特步就完成了 4 300 多家店的智慧化改造，推进速度
确实很快。王迎新解释了背后的思考："我们当时就想先
把基础的东西布设好，不等每家店自己决定是否改造。改
造完后，至于哪场推广活动你愿意参加，就由你自己来
定。你愿意参加，我就在后台给你标记好。等于我先把舞
台搭起来，你愿意跳什么舞都行。这样做，我就不需要每
改造一家，就培训一次，可以一步到位都先培训完。"

　　在特步的"六个在线"中，目前正在推进的是商品
在线。会员在手淘上搜到附近的线下店铺时，点击店铺图
标，就进入了该店铺的虚拟线上店，也就是阿里巴巴所说
的云店。有了云店，线下店铺的商品就被搬到了云端。而
且，线上线下的品类和库存完全一样。换句话说，特步的
4 300 多家智慧门店，在手淘平台上都会有属于自己的云
店。这就是所谓的千店千面。

　　对会员来说，逛云店就跟逛线下店一样，他的专属导
购还是在身边，他随时可以在线咨询沟通。会员在云店下

单，门店会给他发货。如果会员通过专属导购的推荐码在云店下单，导购还可以获得分成。

金字塔营销：会员从哪里来

到目前，特步已经拥有了千万级的线下会员，但是从一年4亿人次进店流量来看，显然还有巨大的潜力可挖。问题是怎么挖？除了上述这些知道特步并对它感兴趣的潜在会员，对于那些知道特步但从未进店的消费者，甚至那些从未听说过特步的消费者，特步又该怎样让他们知道自己，然后吸引他们进店，并最终变成自己的会员？

特步品牌系统高级总监吴丽欣给出了答案："我们的整个营销活动是金字塔式的。最上层是品牌级营销。我们利用平台大数据，再加上自己的数据平台，提炼出目标消费者的消费特性和行为，从中找出相对应的标签，然后开发出适合的产品以及营销的手法，针对目标消费者进行整合营销。每年会有2~3个大型的品牌级活动。第二层是产品级营销。在整个年度内，我们会把主推产品的素材应用到线上线下，让线上线下一起在同一个时间段，用同一个洞察，对同一个消费者群体做整合营销。最底层是促销类营销，往往是力度比较大的促销活动。在这个方面，分属两个独立事业部的线上线下是分开的，两边按照各自的年度营销节奏进行操作。"

吴丽欣还举了几个例子。比如，每年3月份特步会举办"321跑步节"。特步是时尚运动品牌，目标是做中国跑者的首选品牌。这是整个集团的一致目标。在这个目标下，线下门店、公司员工都会参与到跑步节的活动中，线上也会和天猫旗舰店合作，跟天猫商谈欢聚日、超级品牌日等资源，一起在这个时间点把跑步节活动推出去。

再比如，特步在2018年第二季度赞助了一档面向年轻人的节目叫《这！就是街舞》。除了在线下门店售卖相关产品，特步还推出了整合营销，通过广告、社交媒体等渠道，向年轻人宣传特步的精神。"我们鼓励年轻人'我不服'，并通过行动去表达，就像街舞选手一样，不会只在背后讲，而是会到赛场上表现自己的不服气。"吴丽欣解释说。

因为这档节目是在优酷平台上播出的，所以，特步就运用了阿里巴巴大数据，对消费者、观众，甚至街头文化类消费者进行了消费洞察，然后利用这些洞察去开发营销计划。

再有，特步每年都会赞助几十场马拉松赛事。在品牌营销上，特步充分发挥了线上线下融合的优势。在线下活动上，除了赞助马拉松，特步还在赛前举办马博会。马拉松选手会到马博会领取参赛装备，对跑步感兴趣的人也会到马博会了解最新的跑步资讯，参加现场互动。特步在自己的展位里布设了扫码、地动仪等互动环节，可以把消费者引流到线上网店购买商品，同时留存一些消费者的数据，后续跟他们做二次互动。

在营销触达的受众方面，吴丽欣瞄准了三类人。第一类是特步的会员，他们是营销活动的核心受众。特步会通过会员专号，如特步会员俱乐部微信号、特步官方会员商城等，跟会员进行沟通。

在会员以外，吴丽欣还关注一个她称作"会员look-like"的群体。她会先在特步的会员库里给不同的会员贴标签，然后拿着这些标签，去跟不同的大数据平台（如阿里巴巴），进行合作，从它们的大池子里找出具有相同标签的人群，最后再在这类人群的常用触点，对他们做定向传播。

而最外围的受众，则是特步长远的目标消费者。"对我们来说，不但要跟会员保持长线的关系，也希望有越来越多的目标消费者成为特步的顾客。"吴丽欣说。所以，一方面，特步从内核出发，找出已经对特步品牌有感觉的会员 look-like，对他们进行营销；另一方面，特步从外部出发往内拓展，瞄准特步理想的目标消费者，即 18～24 岁的年轻人群，争得他们的认同，通过不同的营销手法把他们带入特步。

比如，去年赞助《这！就是街舞》，特步就是要跟对街头文化感兴趣的年轻人建立关系。"我会找出有这个标签的人，主动对他们进行营销。我在线上跟他们有过一次接触后，就有了他们的痕迹，之后会追踪他们，持续跟他们沟通。"吴丽欣举例说。

在吴丽欣精准发掘潜在消费者的同时，张志明也在思考如何扩大自己店铺的会员池。"我琢磨可以搞一个商家联盟，利用其他商家的顾客渠道去发券，然后给他们一个抽成点。还有就是公司团购。门店是有团购单的，但是我可以跟客户说，你们的同事若加入我们的会员，可以给你们折扣。"

※　　※　　※

特步的新零售探索仍在路上，更多的惊奇在等着张志明们。

在特步的新零售中，我们可以关注超级导购、跑步俱乐部、特购会、会员运营，也可以关注智能导购、"六个在线"、云店、智能设备，因为它们都能给我们带来启发。但是，除了这些之外，我们更需要关注的一点是，特步是在做自己的新零售，它从一开始就认定了自己的方向。有了方向，也就知道了什么最适合自己。

正如李波一再强调的："我们始终相信，零售是关乎人和人之间的关系。回到那两个数字，6‰和15%，就印证了一定要基于每个店员跟每个顾客之间的关系，把这种关系建立起来，再在顾客接触你的每个路径上，把每个场景都铺设清楚，特步的新零售可能就实现了。"⊖

⊖ 本案例为《商业评论》"新零售100案例库"第007号。

做新零售，要处理好三对关系

田　野[一]

新零售的内核是数字化。有数据和没数据，就像有阳光和没阳光。有了数据，营销方案、管理方案、运营细节等都会发生极大的变化。特步的数字化主要体现在两个方面：**营销数字化**和**管理数字化**。

我们可以看到，会员数字化是特步最看重的。特步在线下每年有4亿人次进店，但成为会员的还不到1%。通过新零售的数据连接，特步会员数突破了千万。随着会员样本数量变大，营销过程中样本标签的提炼准确度就变高，营销效果也就增强了。

特步跟《这！就是街舞》进行IP合作。在这个节目的覆盖人群与特步的顾客人群如何进行关联上，特步采用

〇　田野，淘宝大学认证讲师。

了数据交集的方法，这是非常好的创新。大多数企业的市场和销售行为是断档的，市场部找什么样的形象代言人，进行哪种 IP 合作，推广哪些媒体渠道，跟销售部没办法进行直接的数据对接，就算有第三方报告数据，也是结果型数据，且数据样本量非常小。

另外，数据不能成为孤岛，必须和外部数据进行交互和融合。我遇到过一些品牌，它们把数据看成是私密的，特别害怕被别人掌握。实际上，数据在融合的过程中都是处于加密状态，不会泄露消费者的隐私，它只是跟外部数据进行匹配，找到潜在客户。线下门店也可以应用这些数据，通过贴标签的方式进行识别放量，以触达更多的潜在客户。

在管理数字化方面，特步首先对店员管理实现了数字化。它采用"超级导购"等管理工具，把员工行为数据化，并在此基础上进行数据分析，比如店员平均工作时长是 8 个月，如果能够工作 1 年以上，成交的单次客件数可以达到 2.2 件，这个数据非常有说服力。通过"超级导购"赋能店员，特步提升了店员的销售转化能力，店员的收入也增加了。

其次是商品的数字化。对零售型企业，尤其是服装鞋帽企业来说，商品数字化非常关键，因为这些企业最大的敌人就是库存。数字化后，商品库存就可以共享，从而大大优化库存的周转率和售罄率。商品数字化还可以实时给产品开发提供市场反馈，也可以给经销商提供进货指导。

最后是门店数字化。门店是一个重要的数据采集器，因为它拥有巨大的客流量，如果能够将每一笔订单、每一位顾客的数据都采集下来，商业效能一定会提升。门店数字化后，管理方式也会发生变化。原来可能是结果管理，有了数据后，就可以进行过程管理，随时根据数据反馈采取管理举措，而不是等到有结果，再采取行动。掌握了这种能力，商业竞争的实力就变强了。

在决定新零售成败的关键环节中，除了数字化，企业还需具备完整的组织驱动能力。具体而言，就是要处理好三对关系。第一对是**线上和线下的关系**。很长时间以来，线上和线下被认为是两个单独的渠道，很多公司建立专门的电商公司或电商事业部来做线上渠道，它们有独立的商品规划、独立的定价体系、独立的运营团队。这样的组织安排有一定的优点，但也带来了很多困扰。比如，同一个品牌，线上线下的商品却不一样，价格体系也不一样，消费者该如何认知这个品牌？线上的人群标签跟线下的人群标签不一样，公司的品牌营销该瞄准哪个群体？

所以，解决线上线下一盘货，是这对关系中最关键的问题。在这个问题上，企业要有壮士断腕的勇气，哪怕一开始会牺牲线上几个亿的销售额。我见过很多企业在这件事犹豫，它们必须把眼光放远，一旦线上线下一盘货，同款同价，就会创造更多的商业利益。线上线下一盘货势在必行。

处理线上线下关系，还要协调好利益，这里面有许多细致的工作要做。比如，线上订单需要线下发货，怎么分配利益？线上导流给线下，成本怎么核算？会不会造成成本叠加？核算公不公平？线上线下服不服气？当然，企业要根据自己的现实情况，一步一步来做这些事。

此外，大家还要认识到线下线上融合是乘法，而不是加法。比如，门店变成前置仓，可以极大提升线上客户的消费体验和销售转化率。客户线上下单，门店就近快速发货，如果对收到的商品不满意，可以到门店退换，门店就有了增加销售的机会。无论对线上还是对线下来说，设立前置仓会让流量价值倍增。这就是乘法，让线上线下都获益，而不是谁占谁的便宜。

第二对是**品牌商和经销商的关系**。品牌商和经销商的关系经历了几个时代。最开始是渠道为王时代，品牌方最重要的就是找到大经销商，然后自己做好生产就行。接着是品牌时代，经销商不光要货，还需要有品牌支撑，它们卖的不是货，而是品牌。品牌商也不只是制造商品，还要打造品牌。现在是智慧时代，在数据连通的情况下，品牌商光做品牌还不行，要变成经销商的大后方，成为给它们赋能的单位。也就是说，原来品牌方高高在上，现在要放低姿态，给所有经销商赋能。这时候，双方的关系、结构和功能都发生了变化。原来的买卖关系变成了赋能关系，品牌商给经销商提供工具、解决方案、数据等，帮助它们赚钱，从而实现商业总量的增长。

第三对是非常微妙也是非常重要的**店员和消费者的关系**。原来店员拿不到消费者的信息，也无法在消费者离店后触达他，更无法经营与消费者的关系。现在，有了品牌号、智能导购等工具，店员可以直接触达消费者，与他们建立紧密、友好的一对一关系。在特步案例中，我们就看到了一个很有趣的情况，是关于大码的鞋。这种鞋不属于核心码段，门店出样买的人少，不出样又确实有人要，经常造成库存。如果能够精准触达这部分消费者，知道他穿几码的鞋，就可以告诉他门店有合适他的商品，或者先征询他喜欢哪款货，然后再去进货，这样既可以大大优化门店的库存，又能提升消费者的转化，同时消费者也感到满意。

特步新零售的实施过程还有很多点值得借鉴。首先，**决策的前瞻性大于条件的具备**。在决定要不要战略转型时，其实不用去考虑是否具备了转型的所有条件，因为当所有条件都具备时，这个战略机会早已不属于你了。特步对未来零售的探索在新零售这个词出现之前就开始了。他们当时做O2O，没有办法把订单数据直接导给门店，就用Excel表格来解决，完全是手工录入，一年4千万元的销售额，可想而知录入工作量有多大。所以，特步做新零售，并没有把工具放在第一位，对他们来说，新零售是一个战略问题，不是工具问题，这是所有品牌都应该认识到的。

其次，**试点很重要**。当你要别人跟着你去做一件谁都没见过的事情时，应该先做试点，用试点的数据让其他人信服你，而不是单纯去说服他们。

还有，当统一思想需要时间时，可以**先统一硬件**，这也很关键。在特步案例中，我们看到，在很多经销商还没想好要不要做的时候，公司先对4 000多家门店进行了智慧化改造。改造完成后，事情反而简单了。比如，现在有一个全渠道营销活动，经销商自主决定要不要参加。他可以不参加，但他发现参加活动的门店取得了很好的销售，不用别人劝，他下次一定会积极参加，拥抱新零售。

特步的新零售之路走得很早，从它身上，我们看到了一个民族品牌的胆识和魄力，也看到了执行的决心。新零售最终将走向智能商业，我们期待特步在掌握数据之后，能够在数据算法和智能管理决策上取得更好的成绩。

第二章

货的重构

"货"的价值在于满足消费者的需求，如何精准洞察消费者的需求？如何让线下商品在线化、数字化？如何构建柔性智能供应链？

索菲亚：家居定制"老大"的生意经

陈　文[⊖]

　　2003 年，索菲亚在中国率先推出定制衣柜。自那以后，"先人一步"便成为索菲亚企业精神里的一个基因。

　　2011 年，在深交所中小板 A 股上市，成为定制衣柜行业内第一家上市公司；

　　2013 年，柔性生产线正式投产，索菲亚再次改进行业规范，推出了定制衣柜第三代生产模式；

　　早在 2016 年"新零售"概念提出之前，索菲亚便已成为首批尝试天猫家装行业新玩法的企业……

　　种种举措使索菲亚始终走在定制家装行业的前列，据其年报显示，2018 年，索菲亚销售收入达 73.11 亿元，在日渐激烈的市场竞争中，再次实现双位数增长。在不到

　　⊖　陈文，《商业评论》特约撰稿人。

20 年的发展历程里，索菲亚究竟经历了什么？尤其是在新零售大潮下，索菲亚又有哪些"先人一步"的创新举措？

让制造供应链更柔性、更智能

从 2003 年建成第一家工厂开始，10 年来，索菲亚生产的产品中 90% 以上是衣柜。2013 年，随着越来越多的企业进入家居定制行业，消费者不仅接受了定制家具这一理念，定制需求也从衣柜扩展到了鞋柜、酒柜、电视柜等家具全品类。

这一年的 7 月，索菲亚发布新广告语"定制家，索菲亚"，从定制衣柜品牌，向大家居品牌进发。定制家具品类的扩大，对生产制造和供应链体系的柔性化提出了很高的要求。"过去定制衣柜，高度一般是在 2.4 ~ 2.8 米之间，并且柜门基本是百叶门，相对比较单一，对制造的柔性化要求并不高。"索菲亚集团副总裁王兵解释道。但是扩大定制品类后，家具的尺寸跨度非常大，一个榻榻米可能有 30 厘米高，既能当床用，升降台还可以做写字桌；酒柜用来放大小形状各异的酒瓶；鞋柜里要兼顾男人、女人、儿童的各类鞋靴……这些复杂多元的需求，无不考验着索菲亚工厂柔性化制造的能力。

柔性化，数据是关键。柔性化体现在哪里？一方面体现在一条生产线上什么产品都能生产。"我们不可能建很多条生产线，每条生产线只生产一种产品，这样投入很大，设备产能的利用率太低。"王兵说，"必须是一条生产线，前方来什么需求，就生产什么。"

另一方面体现在强大的数字化系统能够将订单中的信息快速转化成设备可以读取的数据。采访中，王兵回忆了自己在 2014 年年初刚加入索菲亚时的情形。"那时候我们面临的最大的挑战是订单来了以后，生成不了规模化生产的生产数据，还是需要大量人工拆单、人工计算和人工审核，导致出错率非常高。"

在最初的半年时间里，王兵和团队成员一直待在工厂，担心一离开就会出现各种问题，例如数据库的问题、服务器的问题、网络的问题、系统软件本身的问题、数据的问题，等等。而且一出问题就涉及上千块木板出错，比如打孔打错了，成本损失很大，订单也没有办法按时交付。

在家具定制行业，排钻工人曾是非常抢手的一类工人。那时候，虽然索菲亚购买了价格昂贵的数字化钻孔设备，但都在工厂里"睡觉"，钻孔仍要靠排钻工人根据图纸计算好钻孔的宽度和深度，并手工调整钻头位置，"调好以后一按按钮，脚一踩，打下去一个孔，然后再调整位置，这样的操作方式很容易出错。"那几年，虽然生产线工人的工资不高，但排钻工人的工资却能达到 1 万 ~ 1.5 万元。"关键还留不住人，过完年大家就会来抢熟练的排钻工。"

从 2014 年 8 月开始，王兵带领团队一起上线调试新建的数字化生产系统，逐渐替代旧系统。到 2015 年，"我们全面解决了这些问题，应该说是行业里首家实现了柔性化生产的企业"。现在的钻孔，不再需要人工计算，而是由钻孔机基于数据自动排布钻头，既准确又快速。

规模化，模块是本质。加入索菲亚之前，王兵有着丰富的 IT 经验，在大型外企、咨询公司都工作过，涉及制造、零售、贸易等不同行业，也做过很多大型企业的信息化建设工作。"2013 年，索菲亚的销售额才有十几亿元，在我的概念里，这种规模的民营企业在信息化上应该不难做。"王兵回忆说，"结果来了以后发现完全不是这么回事，原来外企的信息化做法在这里根本用不了。"

如今回过头来看，"这个过程其实就是捅破窗户纸，也没有那么高深"。王兵解释说。规模化定制的本质其实就是模块化，只要把模块设计得足够丰富、逻辑足够严密、规则足够清晰，再通过系统进行固化、完善，前端的设计师就能像搭积木那样，将模块组装成能满足消费者需求的家居产品。"前端设计好以后，到了工厂端就能通过系统自动拆解成数据输送到生产设备上，进行加工。"王兵用这几句话将一整套逻辑解释清楚了。

赋能门店，提升效率

索菲亚集团目前在全国 1 800 个城市拥有 3 600 多家门店，并且每年都会新增五六百家门店。在索菲亚的销售额中，95% 以上都是由门店贡献的。

在如今事事讲求数字化的新零售时代，如果零售商和门店仍沿用过去传统的"坐商"思维模式，必然会遭遇发展瓶颈，"终端的思维必须与总部的经营思维一致。"索菲亚营销中心副总经理、新零售负责人钱晔说。

钱晔所说的"总部的经营思维"其实就是一个计算公式：销售额 = 流量 × 转化率 × 客单价，并且索菲亚对门店的数字化赋能，也是围绕这个公式的逻辑展开的。

全渠道引流。定制家具属于耐用消费品，客单价高，消费决策过程较长，索菲亚很难在线上形成完整的交易闭环，"必须依靠终端门店，为消费者提供测量、安装等服务，并最终完成交易。"钱晔说。

过去经销商开门店，通常只有两种选择，一种是建材家居卖场，如红星美凯龙、居然之家；另一种是街边店。现在，只要是流量高的地方，就可以开店。于是，当消费者在万达、银泰、大润发这样的场所看到索菲亚的门店时，都感觉很奇怪，然而，效果达到了——"我们就是要提前去影响消费者的心智，总有一天他们会装修的。"钱晔说。

在线上，以电商为例。索菲亚做电商采取的不是通常的 B2C 模式，而是 O2O 模式。"线上引流到线下成交，然后把线下的评价搬到线上，从而形成交易闭环。"钱晔解释道。起初，索菲亚也尝试过 B2C 模式，把产品标准化后放到网上去售卖，"但这跟我们做定制的理念相悖了。"于是，将产品和服务内容传到线上，展示给更多的消费者，让他们对索菲亚品牌有更直观的了解，进而激发他们去门店体验——这成了索菲亚做电商的最重要目标。

索菲亚不仅在天猫、淘宝等传统电商平台开旗舰店，而且利用直播、抖音、微信等渠道引流。目前，索菲亚微信公众号有 500 万粉丝，抖音有 152.6 万粉丝（截至 2019 年 6 月）。索菲亚重视各个官方平台的内容输出，并组建了相应的团队，专门负责运营。"一个人成为粉丝就意味着他关注索菲亚品牌，只要不取消关注，等到要装修的时候，或者是要了解这个行业的时候，他可能就会想到我们。"钱晔说，"这个结果在短期内看不到，但时间长了，就会看到结果。"目前，索菲亚微信公众号的粉丝每年大约能产生近2亿元的零售额。

线上为线下赋能、引流，最大化获取客流，这样的全渠道布局的做法也受到线下经销商和门店的欢迎。

用"三化"提高转化率。无论是从线上引流来的，还是自然到店的消费者，门店唯一要达成的目标就是将他们尽可能多地转化为索菲亚的顾客。为此，索菲亚采取了以下举措。

（1）**组织纵队化。**索菲亚要求门店为每一个渠道设置专门的团队承接引流来的顾客。一般来说，相比线上引流来的顾客，主动光顾线下门店的顾客的购买意向更明确，也更容易成交。纵队化的设置有效避免了店员"挑肥拣瘦"，以及因此而引发的顾客不愉快的消费体验。

（2）**装备数字化。**通过数字化系统和工具，摆脱过去采用人工方式统计门店客流、销售数据、转化等数据的痛点。

（3）**流程在线化。**通过营销系统的流程在线化管理，打通总部工厂到门店再到消费者这三端，让信息传递更加准确、高效。"让所有终端门店都能清楚地知道顾客在哪里，工厂能了解到门店是如何服务顾客的，并且服务到了哪一个环节。"钱晔说。

大数据指导客单价。2017 年，索菲亚提出大家居战略。"原来，索菲亚只是限定在家具领域，后来我们发现，消费者除了购买家具外，对配套的家居用品也有很大需求，比如沙发、餐桌、窗帘、灯饰、壁纸等。"王兵解释说。

基于这样的观察，索菲亚融合了更多定制家具品类，这样的转变带来的直接效果就是客单价的提升。但提供什么样的家居产品，可不是拍脑袋想出来的，必须"通过互联网技术获取相关的信息和数据"。

举个例子。索菲亚将自己的顾客数据与阿里巴巴的数据进行匹配，从中发现消费者购买了索菲亚的产品后，还会买哪些东西，例如消费者买了致爱丽丝定制柜类后，也会搜索或购买与之风格匹配的简约欧式风格双人床。随后，索菲亚会根据数据分析结果，在供应商中筛选合适的OEM 厂商直接生产这款床，并将它布置到门店。

"这样既提升了门店的坪效，也不会像标准化产品那样，需要很多 SKU 满足顾客需求。"钱晔说，"我们只要分析数据，就能知道顾客喜欢哪一款产品，然后把它做成爆款，门店的坪效就会提升。"

打造核心竞争力——服务

王兵在索菲亚工作的前 4 年，主要是抓生产端和信息化建设，当时他觉得这就是索菲亚的核心竞争力。然而，自从 2018 年 11 月接手营销工作后，他的观点发生了一些变化："光在生产和信息化方面打造竞争力还不够，我们还必须把服务打造成索菲亚的核心竞争力，因为在我们这个行业，服务太重要了。"

"重要"这两个字或许还无法准确形容服务对于家居定制企业的作用，严格来说，服务几乎贯穿了索菲亚与消费者接触的所有触点。例如，当顾客走进线下门店后，设计师通过初步交流，了解顾客对装修风格的偏好，家庭成员构成，装修预算，房屋结构等基本信息；基于这些基本信息，设计师会上门测量尺寸，然后出具设计方案；随后就是一轮接一轮与顾客讨论、修改设计方案，直到顾客点头同意，才能确定订单安排生产。产品生产加工完以后，还要由门店派安装师傅到顾客家中现场安装……"它不像一件成品家具或电器，消费者拿回家就能直接使用。我们的服务周期很长，短则一个月，长则三五个月，中间需要做出很多服务决策。"王兵说。

索菲亚如何利用技术手段和新零售，提升服务效率，改善顾客的消费体验，打造真正的核心竞争力呢？在王兵的组织下，索菲亚将服务系统进行升级，"就为了把服务打造成我们的核心竞争力，而不是停留在表面的一句口号。"

让服务看得见，摸得着。"每个人的标准不一样，对服务的体验和感受就不一样。"就像在星巴克喝咖啡，同样的咖啡、同样的桌椅，有人会因为隔壁顾客的大声喧哗而心生厌烦，有人却能在四周的嘈杂中安心看书。

或许是习惯了与数字打交道，王兵觉得服务也必须有个标准。"量化的标准，可以通过打分体现服务水平的高低好坏。"王兵说，"就像国家用 CPI（居民消费价格指数）衡量消费者的购买能力，它背后有一套逻辑计算公式。索菲亚也要制订一个 CSI（顾客服务指数），我们必须先把它的逻辑梳理出来，然后制订计算公式。"

通过对全国经销商的一轮轮培训，索菲亚将 CSI 的整套逻辑灌输到最基层员工。"比如有 5 个因素会影响 CSI 指数，每个因素又分别受哪些子因素的影响，这背后的逻辑关系都要跟经销商、门店理清楚。"

谁来打分。CSI 的高低，不是索菲亚总部说了算，更不是经销商说了算，而是终端消费者说了算。但是怎样才能让消费者主动打分呢？

2018 年，索菲亚总共服务了 60 万顾客，2019 年可能是 80 万，不可能通过打电话、面谈的方式去盯着顾客打分做评价。"必须利用互联网技术手段。就像滴滴打车，付完了钱会自动跳出窗口让你评价，给司机打几颗星，车里是否有烟味，是否整洁等，顾客只要花 10 秒钟时间就能把评价做完。"王兵说，"我们要做的就是利用技术、工具，打造整条服务链的闭环。"

对索菲亚而言，技术的应用不仅在 CSI 的评分上，更重要的是要运用到整个服务链。以去年服务的 60 万顾客为例，这只是最终成交的，"按照 30% 的转化率计算，门店接待的顾客就有 180 万。"如果靠店员服务这些客户，这个店员服务好一点，或许转化率高一点，那个店员服务差一点，转化率就不高。如果能通过一些新零售的技术、工具或方法赋能门店，提高服务品质，那转化率就能更高一些，"如果能提升 10%，那就是 18 万顾客，每个顾客订两三万元的商品，那就是三四十亿元的销售额，也是相当可观了。"王兵说。

索菲亚的"葵花宝典"

取得行业内的各种"率先""第一",索菲亚靠的究竟是什么?"世界上没有永远都能一招杀敌的葵花宝典。"王兵说,"如果一定要找原因,应该是索菲亚的企业文化。"

2015年,索菲亚提出了"创新与分享"的企业文化。"我们希望团队的心态更加开放,能不断提出对企业经营有帮助的创新思路。"王兵解释说,"而分享则体现在很多方面,老板愿意分享给员工,供应链中心愿意分享给经销商,企业愿意分享给社会。"

正是在这样的企业文化下,索菲亚从高层到基层,每个人都在积极思考如何提升企业的经营能力。"我们服务中心的成立,CSI的建立,以及工厂数字化能力的建设,都秉承着这样一种企业文化。"

同时,王兵也提到了执行力。"要快速落地,要有结果,而不是只停留在口头和表面。"而这也是王兵对营销团队提出的要求之一。"第一得有格局,得配得上目前索菲亚提出的大家居战略;第二是有激情,否则营销肯定做不好;第三得有思路,光有激情还不行,必须有行动计划,分几步走,每一步都需要哪些资源,达到什么样的结果;第四是有执行力，规划再完美，最终还得靠落地执行，要一场战役接着一场战役去打；第五是得有结果，要及时调整行动思路和方向以及资源，确保最终目标的达成。"

※　※　※

早在 2017 年提出大家居战略之前，索菲亚就预见到了这一趋势，并开始布局厨房橱柜、木门等大家居品类。2014 年，索菲亚与法国知名厨房制造服务商 SALM S. A. S（现名为 Schmidt Group）合资成立司米厨柜有限公司；2017 年，收购有着 56 年历史的华鹤木门，全面进入定制门窗领域。

"2016 年和 2017 年，我们开始引进索菲亚的成品类、软装类家居品类。经过这几年的布局，已经形成了相对完整的大家居品类。"王兵说。于是，2019 年成了索菲亚的大家居元年。"这个方向在未来应该还可以持续相当长的时间，甚至会变成中国家具消费的主干道。"

索菲亚要在大家居领域有所作为，看的是统筹运作的能力，能够运作木门、厨房、定制家具、软装饰品等。最终结果如何？让我们拭目以待。○

○ 本案例为《商业评论》"新零售 100 案例库"第 006 号。

要稳坐"老大"的位置，还得看这三点

陈　洁[一]

近年来，定制家居行业随着家庭消费升级而快速发展，目前市场规模已超过 2 000 亿元。但在地产红利削弱、行业竞争加剧的今天，行业集中度提升、优胜劣汰或将是下一步定制家居行业格局演变的主基调。目前在行业竞争呈现产品相对同质化的大背景下，企业可进一步从解决行业痛点出发提升竞争力。

行业痛点是什么？为什么出现？

定制家居行业消费流程长：从消费者到店、在导购指引下挑选款式、缴纳定金、预约量房，再经过 3~4 次沟

[一]　陈洁，上海交通大学安泰经济与管理学院教授。

通设计、下单，后续工厂还需 10～15 天生产制造、售后配送，最后到户安装、交付消费者，加上可能的售后服务需求，销售周期才最终完成。

不仅如此，定制家居还需要对户型、空间和居住习惯进行综合设计来满足消费者千变万化的需求，与消费者沟通的节点非常多，从销售到生产均难以进行标准化，商业模式呈现重体验、重服务的属性。

这些因素使得整个行业具有较多痛点：从厂商角度来看，销售端获客成本高、渠道间有冲突，生产端需要兼具柔性化和规模化，品牌端难以在消费者心中打造差异化品牌定位；而从消费者角度来看，商品价格不透明、专业度不对称、产品质量乱象丛生等痛点增加了消费者决策的时间成本和精力成本。

索菲亚，做了什么？

索菲亚的崛起，恰恰在于认清行业痛点，从供应链、渠道布局和服务体系不断优化，持续走在行业前列。

在**供应链**上，索菲亚不断攻关，基于数字化思想和模块丰富、逻辑严密、规则清晰的模块化体系，打造了信息化、模块化的柔性供应链。

在**渠道布局**上，索菲亚采用全渠道引流模式，一方面
线下门店以流量为导向持续扩张；另一方面大力开拓线上
渠道，天猫、直播、抖音、微信等多种线上渠道被采用。
通过线上引流到线下成交，然后把线下的评价搬到线上，
从而形成全渠道的交易闭环。

在**服务体系**上，索菲亚同样采用数字化思维，推动建
设全国 CSI 顾客服务指数评价管理体系，从而保证服务质
量，打造服务核心竞争力。

这些从生产端到销售端的不断提升，让索菲亚一步一
步成长为定制家居行业的巨头。

未来制胜的关键

然而随着消费者的代际迁移、5G 时代的来临以及大
数据分析技术的日益成熟，定制家居行业也出现了新的发
展趋势。谁更能前瞻性地把握行业趋势，洞察消费者未来
空间需求，基于消费者的决策流程构建全渠道闭环，提升
体系化运营能力，谁就能在未来的竞争中取得制胜关键。

1. 从家居产品到空间规划，比拼占领消费者心智

消费者需求是一个行业发展的原动力，从消费价值观
的变迁来看，消费者对定制家居的观念，正逐步从"在

住宅环境条件下挑选合适的家具", 向"营造个性化舒适的生活空间"演变。在这样的趋势下, 包括索菲亚在内的定制家居厂商, 势必要将经营理念从产品中心主义, 尽快调整为需求牵引的用户中心主义, 借助大数据等工具洞察不同类型消费者对生活空间的态度, 捕捉消费者选择家居定制的动机, 引导并满足消费者对空间规划的需求, 从而尽快占领消费者心智, 构建竞争中的优势地位。要做到这一点, 厂商必须以消费者洞察为起点, 调整销售端、研发端、生产端的资源布局。

2. 从O2O到全渠道闭环, 比拼无缝对接消费需求能力

目前多渠道并存——以价格和品类为支点的线上渠道, 以实时和社交为支点的移动渠道, 以体验与场景为支点的线下渠道——的市场格局已经形成, 渠道的边界正在被不断打破, 全渠道融合的趋势悄然产生。而随着5G时代的到来, 消费者跨渠道选择的行为将日趋多变且日益快捷化, 消费者可以随意挑选最能满足需求的渠道进行搜索、购买以及分享。尤其在定制家居行业重体验、重服务的背景下, 消费者将最大化地追求消费过程的满意度, 其跨渠道选择会更加频繁, 厂商在跨渠道选择行为中把握消费者的难度则将更高。

在这样的大趋势下, 索菲亚等家居定制厂商已经不能

满足于"多渠道引流＋线下门店转化"的被动型渠道布局，而是需要重塑更为灵敏、弹性和多元的主动型渠道结构，来对接消费日益短促的需求窗口：一方面全面布局消费者可能产生需求动机的线上渠道、移动渠道和线下渠道，构建符合消费者心智模式的全渠道覆盖能力；另一方面把握消费者在比较长的决策流程中，可能引发渠道转换或迁徙的心理变化，主动引导消费者的渠道选择，构建全渠道闭环。

3．从数字化赋能到体系化赋能，比拼门店服务能力

定制家居的行业特征决定了经销商门店在可预见的未来，仍将是引导消费者做出决策，提供空间规划服务，以及引发分享的最重要支撑点。

对索菲亚等家居定制厂商来说，未来要思考的不仅是如何通过数字化经营提升门店服务能力的问题，而是如何将整个运营体系的优势集中到门店系统的构建中。首先在对消费趋势的把握上，厂商对消费者动机和价值观的洞察结果，应该成为门店销售团队的必备知识，以实现对消费者需求的引导；其次在对消费者的转化上，通过全渠道掌握的个体消费者行为特征等数据挖掘结果，也应成为销售人员针对性促销的指南。

在设计上，门店需要充分运用 VR 等新科技工具，让

消费者参与到生活空间设计规划过程中，缩短决策流程。在会员经营上，厂商需要为门店提供足够的会员线上线下经营工具，让门店成为会员社群运行的引擎。在体系构建上，打造经销商规模化体系运营模式，门店应该成为整个柔性供应链的起点，提升信息从经销商到厂商的流转速度，保证业绩的可持续性。

※　※　※

在定制家居行业的发展趋势下，厂商之间将从供应、渠道、产品、服务能力等散点竞争，快速演化为以占领消费者心智为核心的全渠道、体系化竞争。在这个过程中，企业的经营思想和自我迭代速度至关重要。索菲亚未来是否能抓住大势，持续迭代，将决定其在行业内的地位及发展前景。

第三章

场的重构

"场"的作用在于连接"人"和"货"。如何对"场"进行数字化升级，提升消费者的购物体验，提高零售的运营效率？

爆改居然之家

陈赋明[一]

小王终于要装修新房了。

装修是费心劳神的活，为了避免自己掉入各种"大坑"，小王一有时间就上网搜索有关装修的信息。果然，他通过浏览各种帖子总结出了装修的几大痛点：

新房装修，不知道该怎么选择建材和软装。

走进家居卖场，就像陷入迷宫，不知道哪个品牌、哪个产品在哪个位置。

线下建材门店只展示产品，单靠想象完全不知道装到家里是什么效果。

下了单，约好了时间送货，可左等右等，就是不来。

［一］ 陈赋明，《商业评论》栏目主编。

装修好了，使用中出现问题，厂家、商户、卖场，到底该找谁？

……

俗话说，货比三家。小王暗自思忖，既然自己不懂行，多比较总没错。于是，他在天猫等各大电商平台上看了不少建材品牌，比较不同产品的价格、特点、买家评价等。

突然有一天，小王的手机收到一条居然之家推送的消息，告诉他卖场有些品牌的建材家居产品正在促销。让小王感到奇怪的是，推送的产品和品牌正是他前段时间在网上浏览过的。

小王趁着休息日来到距离新房 10 公里处的居然之家北京金源店，一来是想亲眼看看自己关注的品牌和产品；二来也是想与天猫店铺比价，看哪边价格更优惠。

一踏进金源店入口，小王就收到了居然之家推送的信息：欢迎光临金源店。同时，还告知他所关注的品牌分别在卖场的几楼、哪个位置。在入口处，能看到一块很大的触控显示屏，上面写着"智能导购"。小王在体验后发现，这个显示屏不只是展示之用，还可以进行商品搜索，甚至还能与其交互。消费者可以按照装修风格、生活方式等目录搜索产品在详情页上，产品所在店铺位置一目了然。消费者既可以按照"智能导购"轻松找到店铺，也可以用手机淘宝扫描二维码，直接收藏店铺。

按照推送信息的提示，小王很快找到了之前在淘宝上收藏的一个瓷砖品牌。导购热情接待，一边介绍产品性能，一边将小王看中的瓷砖实物展示出来，并告诉他，这个品牌线上线下统一价格、统一服务。小王觉得很满意，当即决定在门店下单，并直接在导购的 iPad 上完成了付款。随后，导购告诉小王，通过手机端查询订单信息，还能随时了解各个节点的信息，这样就不用全天候地在家等送货了。

同其他装修者相比，小王是幸运的，因为居然之家的服务基本解决了他总结的那几大装修痛点。而对居然之家来说，这只是阿里巴巴新零售赋能的众多场景之一。

焦虑，让我们走上了新零售

2013 年以前，在国内房地产热潮的助推下，家居建材行业总体呈现供不应求的态势，家居卖场的日子普遍过得不错。此后，随着 80 后、90 后成为整个零售消费市场的主流人群，主要家居品牌纷纷"触电"，号称要横扫线下实体卖场的互联网家居品牌也开始兴起。形势逐渐变得严峻起来，让居然之家等传统家居卖场陷入了焦虑。

"当时，很多互联网家装公司的 CEO 和高管跟我聊天，说你们快不行了，因为你们穿着两只很重的鞋，一只是人工成本，一只是地租成本。我觉得确实是这样，于是我们开始跌跌撞撞探索自己的出路。"居然之家家居连锁总裁王宁回忆道。

2013 年年底，居然之家把线下卖场搬到了线上，做了一个"居然在线"商城。他们当时认为，线上线下是两个不同的市场。在线下，居然之家定位中高端人群，而线上消费者看重的是性价比。所以，在经营模式上，居然在线选择跟品牌厂商直接合作，以出厂价拿货。

但是，很快他们就发现，这条路不好走。家居建材行业离不开售后服务，需要送货、施工、安装，而提供服务的都是各个城市的经销商。从某种程度上来说，居然在线从厂商拿货，但售后服务让线下经销商来做，等于把他们当成了廉价劳动力。

还有，居然在线分流了线下卖场的用户，对线下经销商构成了直接竞争。正如王宁说的："这样做等于自己的左右手互搏，而且线上做得越好，搏得就越厉害。"

除了经销商不高兴，居然在线还面临流量和议价问题。作为一个较晚进入线上的垂直平台，要想从现有的巨无霸平台口中抢夺流量，根本没有机会。同时，线下卖场可以讨价还价，线上怎么可能做到。

"所以，这个过程走得很艰难，但线上这块我们又不能放弃。"从王宁的话中，可以清楚感受到他们当时的左右为难，怎么办？

滴滴打车给了他们启示。他们发现，家装设计正在成为家居建材行业的流量入口，何不建立一个以家装设计为入口的家装平台？

"在这个平台上，设计师就相当于滴滴司机，只是手中握的不是方向盘，而是画笔，有装修需求的消费者就是打车的人。跟滴滴打车不一样的是，滴滴平台再加一个第三方支付就可以运营了，而家装平台除了设计师和消费者，还得有后续的材料采购、送货物流、施工安装等。"王宁解释说。

于是，在 2015 年他们开始对居然在线进行大改版，以设计、材料、施工三大家装业务板块为切入点，搭建了线上线下一体化的智能设计和家装管理平台"居然设计家"，并在 2016 年收购了全球领先 3D 设计软件美家达人（Homestyler）的上海团队，又在次年收购了整个美家达人的产品及其团队。

自此，居然设计家平台包括了设计云平台、家居材料采购平台、商品销售平台、施工管理平台、物流配送平台和智能家居服务平台六大部分。原来的居然在线成为其中的一部分，也就是家居材料采购平台。美家达人3D设计软件则支撑了设计云平台。

通过居然设计家平台，设计师可以免费获取效果图、施工图、预算一体化的3D家装设计工具，实现设计独立和个人的自主创业；消费者可以随时随地发布装修需求，找到自己满意的装修设计方案和心仪的设计师，也可以DIY设计自己的家；家居材料生产商可以将数字化的产品库与家居材料采购平台无缝对接，扩大销售网络；家居建材经销商可以获得免费的线上销售平台，实现线上线下营销一体化；施工队可以凭借信誉口碑获取派单，实现家装过程的自动化管理和监控；家装的物流配送服务可以缩减配送次数，并实现后家装服务的智能化管理。可以说，这个在线家装平台实现了设计师、工厂、经销商、卖场、施工队、消费者六方利益趋同。

但是，王宁他们依然感到焦虑。"虽然我们找到了商业逻辑和商业模式，但发现在这个平台上B端有了，C端却太少，就好像满大街有很多网约车在跑，却没有打车的人。"王宁说。

就在他们继续焦虑的时候，他们遇到了一个高度认同居然之家商业模式和商业逻辑的企业，那就是阿里巴巴。2018年2月，居然之家与阿里巴巴签署了战略合作协议，居然之家新零售之路由此开启。

很快，盒马鲜生入驻了居然之家北京顺义店。到2018年年底，在居然之家北京卖场中，已有5家引入了盒马鲜生。盒马鲜生进入居然之家卖场，更像是一种业态互补，尤其是盒马鲜生的超旺人气能够给低频消费的居然之家输送不少客流。

而在2018年"6·18"大促中，北京8家居然之家卖场与阿里巴巴实现了支付通和会员通，通过线上特权订金等方式给线下引流，3天活动中8家卖场一共实现10.68亿元销售额，同比翻了3倍。

居然之家与阿里巴巴的合作远不止这些。根据合作协议，居然之家将获得阿里巴巴新零售的全面赋能，对自己的家居建材卖场进行数字化升级，对居然设计家平台提供技术和工具支撑，还要融合多种新零售业态打造生活服务综合体。

换句话说，在阿里巴巴新零售的武装下，居然之家要一改自己的传统形象，实现华丽变身。

数字化升级，让卖场"高大上"

在达成战略合作 8 个月之后，2018 年 10 月 12 日，居然之家首个"新零售数字化卖场"——北京金源店正式亮相。这也是居然之家新零售赋能的首个成型项目。王宁表示，金源店（也称居然之家天猫智慧家居馆）的数字化升级涵盖多个维度，包括商品数字化、智能导购数字化、营销数字化、门店数字化、服务数字化等。

例如，以金源店商圈为圆心的 10 公里半径内，通过分析淘系的消费行为数据，居然之家梳理出这个范围内可能有 20 万淘系会员，其中有 5 万人在未来半年内会有装修需求，因为他们在之前一段时间内搜索过房产、装修、建材、家具等内容。

但是，这 5 万人不都是居然之家的潜在用户，因为居然之家定位是中高端消费人群。按照居然之家现有会员的标签，可以从这 5 万人中进一步筛选出与居然之家定位相匹配的 2 万人。

接着，根据这 2 万人的网络行为痕迹，就可以判断出他们对装修风格或建材家居品牌的偏好。掌握了这些精准的潜在用户的清晰画像后，居然之家会提前两三个月给他们推送家居建材的相关内容——这也是小王会突然收到居然之家推送信息的重要原因。

当小王来到金源店，一进卖场大门，布设在通道各处的探针就能感应到他的手机，并马上识别出用户身份。根据之前掌握的用户偏好，后台系统会自动给小王推送符合他要求的产品和品牌信息，包括他之前在网上搜索过的某个品牌店铺位于卖场的位置——这一切都由数字化系统自动运行完成，消费者感受到的只有恰到好处的服务。

在金源店，居然之家和阿里巴巴还选出25个建材家居品牌，对它们的店铺进行了智慧化改造。通过技术手段的引入，这些店铺整体运营实现了数字化。王宁希望这25家智慧门店能够起到排头兵的作用，引领卖场内的其他店铺加快数字化转型。

小王去的那家瓷砖店，正是一家智慧门店。在店里，小王不仅触摸、体验了瓷砖产品，还在店铺的显示屏上看到了不同装修风格的3D样板间，而样板间里使用的瓷砖就是店铺里展示的产品。能如此直观地体验产品在装修后的实际3D效果，小王很快就做出了购买的决定。下单付款的流程同样十分人性化。小王直接用店铺导购的iPad下单付款，不用再去卖场统一的收银台排队。

至于售后送货环节，正如上文介绍的，小王要做的就是坐等送货上门。因为居然之家的物流系统已经跟厂家对接，就像在天猫、淘宝上购物一样，用户在居然之家订购的产品从生产下线到送货入户，每个节点的信息都可以通过用户的手机端查询获知。

此后，居然之家以金源店为样板，将卖场数字化能力进行复制推广。目前，居然之家在全国已经打造了1个居然之家天猫智慧家居馆、40个新零售样板店，还有200多个门店得到了新零售产品的赋能，大大提升了居然之家整体的卖场运营能力和消费者的购物体验。

装修试衣间，让家装"酷"起来

到目前，居然之家的在线家装平台上已有35万注册设计师、11万活跃设计师。但是，正如王宁在上文提到的，平台上有了厂商、服务商和设计师，并不意味着消费者就会来。消费者除了到居然设计家找设计师，好像没有其他更多的理由来使用这个平台。没有更多消费者进来，平台效应也就无法形成。那么，该怎么吸引更多消费者使用这个平台呢？

这时候，阿里巴巴强大的技术和营销能力再次发挥其作用。就在2018年10月12日居然之家金源店亮相的同时，双方发布了一款超酷的家装工具"装修试衣间"。

"几十年前，我们的衣服都是自己买布料，让裁缝量体去做的。后来，我们发现其实做衣服也就几个维度，比如材质、款式、颜色等，这些维度定了后，根据尺码大小对衣服进行放大或缩小。装修试衣间也是这样的道理。消费者可以像试穿衣服一样给自己家尝试不同的装修风格，从中找到自己最中意的。"王宁形象地解释道。

在使用装修试衣间时，消费者可以先在触摸屏上搜索自己的小区和单元号，从户型库中找到自家的户型，然后再从装修案例库中选择自己喜欢的装修风格，比如北欧、中式、现代、田园等。接着，系统会自动将户型和风格进行匹配，将所选风格迁移到消费者的户型中，并在 30 秒内成功渲染出 3D 装修效果。消费者可以扫码将装修效果图保存到自己手机里，也可以再找设计师对效果图做些调整。

借助装修试衣间这个工具，消费者不仅能够获得真实的 3D 装修设计图，更关键的是设计图中出现的所有家居和建材产品都能在居然之家卖场和线上商城买到，真正做到了"所见即所得"。

还有，因为所有产品及其价格都是确定的，居然之家的施工服务也明码标价，消费者选定装修设计图后，整个装修的成本也就确定了。这样，消费者再也不用担心实际装修费用会远远高于最初的报价。

可以预见，装修试衣间将成为居然设计家平台的一个重要流量入口。这种互动性很强的工具，能大大增强消费者的参与感，从而激活居然设计家整个平台。

不仅如此，装修试衣间在线下卖场的引入，还能激发门店导购的积极性。"我们已经收集了近 105 万套商品房户型。导购在向消费者推荐产品时，就可以使用这个工具，让他们看到产品的实际使用效果。以前，导购跟消费者交互时间只有 5 分钟，现在有了它，可以延长到 25～30 分钟，转化率和成交率成倍提高。"王宁兴奋地说道。

家居体验 Mall，向生活服务转型

细心的小王在金源店还有一个重大发现：卖场 2 层开了一家盒马鲜生，并且在盒马周围设置了一个专门的区域，名为"智能云栖"空间，主营电子数码、厨房电器等。听店里的导购介绍，很快可以实现在店里看到中意的商品，用手机天猫扫码加入购物车一并付款，还能同城快速配送……

到 2018 年年底，居然之家已在全国开设了 303 家卖

场，2018 年销售额达到 750 亿元。王宁透露，居然之家的未来可以从两个维度来理解：一个是广度上，居然之家仍以家居板块为中心，分三步实现转型。

第一步，从小家居向大家居迈进。王宁解释说："原来居然之家就是卖瓷砖、地板、沙发、床等家居建材产品，属于传统的家居卖场，可以叫小家居。向大家居迈进，就是在小家居基础上增加家电、家纺、家居用品等。"居然之家原来就有厨卫家电，现在则要增加大家电，包括白电、冰洗、空调以及小家电等。

而且，卖场的布局也要做调整。"以前多是按产品来布局，像瓷砖厅、地板厅、卫浴厅等，现在要按生活空间来布局，像美厨空间，里面有厨柜、厨房电器、锅碗瓢盆等，甚至还可以现场烹饪。"王宁补充道。

第二步，从大家居向大消费转型。在居然之家北京丽泽店，不仅有盒马鲜生，还有电影院线、儿童教育、青少年培训、老年人休息场所、健身场所等。丽泽店是居然之家自营的，里面所有业态都是居然之家旗下的业务，或持有股份。今后，对于北京地区以外的卖场，居然之家会进行对外招商，不一定都是自己的业务。但是"所有业态必须具备一个特点：得让消费者去现场体验"。

第三步，从大消费向家居体验 Mall 转变。广州居然之家购物中心计划 2019 年开业，这是一个商业综合体，分为左右两半。左半边的地下一层是停车场，地上一层是厨卫，二层是家居。右半边的地下一层是盒马鲜生，上面各层会有阿里巴巴其他的新零售业态，以及儿童教育、设计创客空间等，顶楼还有一个老年人休闲场所。左右两半的各个楼层是互通的，可以让客流自由流动。也就是说，以后的居然之家，你可能看不出它的出身了。

居然之家未来发展的另一个维度是在深度上。

"我们会沿着新零售路线往更深层次走，全面实现线上线下融合。"王宁说的线上线下融合分为三个方面。

第一个是数据层面的融合。通过数字化升级和改造，居然之家卖场运营将沉淀大量的数据，这些数据跟阿里巴巴的大数据进行交互融合，能够大大提升商业决策和运营的效率，改善消费者的购物体验。

第二个是商户的智慧门店改造。通过线下店铺的数字化，可以将卖场商户和品牌方电商的会员、商品、服务和营销体系彻底打通，实现线上线下流量互通。

第三个是打造一个家装全链路。借助线上线下一体的居然设计家平台，将居然之家线下卖场和线上商城融入整个家装全链路中。在为消费者提供智能家装和家居生活服务的同时，提升居然之家的运营效率和效益。

※ ※ ※

2018年，居然之家首次参加了天猫"双11"，全天全渠道成交额120多亿元，同比增长了275%。41家线上线下融合的新零售卖场实现销售额55亿元，占到全天成交额的45%左右。

"这些数字让我感到欣慰，因为我们看到了新零售带来的增量。而且，我还欣喜地看到，我们的新零售部门，作为一个新部门，正在很好地成长。这些变化都让居然之家更加坚定了新零售转型的信心。"王宁自豪地说。○

○ 本案例为《商业评论》"新零售100案例库"第002号。

用户和行业是新零售的起点

王　洋[一]

针对不同行业、不同企业、不同用户，新零售是"千人千面"的。但是，在研究和分析一个企业该如何进行新零售升级和改造时，我们其实有一个共同的底层逻辑，那就是基于行业和用户特点。只有从这两个维度出发进行研究和分析，最后形成的商业模式、产品、营销、渠道、管理手段等，才能真正实现让用户愿意为品牌花钱，愿意多花钱，同时企业效率和盈利能力也能够得到提升。

针对居然之家所在的家居行业，其用户和行业具有三个特点。

第一，用户的采购行为不是周期性的，也不是随机

[一]　王洋，淘宝大学认证讲师。

性的，他们只有在产生需求的时候才会去采购家居用**品**。也就是说，家居行业的用户是比较稀缺的，这跟用户的数量规模没有关系，纯粹是由这个行业的用户的特殊性决定的。

所以，居然之家在自己卖场引入盒马鲜生等看似不相关的业态，就是考虑到了自己的行业特点和用户特点，用高频消费的零售业态来吸引人流。当然，这些吸引来的人流并不一定是居然之家的客流，这中间是有一个转化比例的，但至少达到了营销的效果。这么多人经过或者进入居然之家，对它显然是有好处的，能够有广告宣传的作用，至少让大家知道了附近有一家居然之家，就算有的人茶余饭后随便来逛一逛，也有可能产生销售。

第二，用户对产品的需求正在从标准化转向个性化。过去，大家选购沙发，可能就只看是皮质的还是布料的，现在会对材质、颜色、款式、尺寸，甚至触感都提出非常个性化的要求。也就是说，不管是小家居，还是大家居，乃至全屋装修，现在消费者的要求是特别高的。

所以，我们首先要清楚，消费者最本质的需求是什么？是希望把家里装饰成自己想要的样子，而这种样子其实是 1 + 1 > 2 的效果。这是什么意思呢？一个衣柜、一张床、一屋地板、一墙壁纸加起来，会让家里的风格变成消费者喜欢的样子。很多企业在生产产品的时候都是尽可能去思考消费者要什么，然后从个性中提炼出共性进行规模化生产，再通过渠道和经销商卖给消费者。但是，在本质上，单个产品是没有办法发挥出最大作用的，必须通过 1 + 1 > 2，才能真正起作用。所以，在家居行业里，消费者不管是买桌子还是买沙发，都不只是为了单独使用，更多是希望跟家里的其他家居用品搭配起来，使客厅、厨房、卧室、书房等能达到他想要的效果。总结出来就是两点，一是 1 + 1 > 2 的效果，二是校准期待的效果。

在这方面，居然之家做了几件事。首先，它把家居卖场改造成了智能家居馆。消费者在触摸屏上只需按提示输入自己的户型图，或者输入所在小区的名字，然后选择户型，就可以呈现出相关产品在实际装修后的 3D 效果图。这个就实现了 1 + 1 > 2 和校准期待的效果。

其次，居然之家在云装修平台上吸引了 35 万名设计师，其中活跃的有 11 万。这个平台会让消费者产生一个兴趣：我想问一下设计师我家装修成什么样子会比较好。这样一来，消费者就会在居然之家云平台上停留更多的时间。

我们都有过这样的经历，不论是水果摊，还是餐饮店，哪家人多，我们在哪家停留的时间会更长，在那里成交的可能性也更大。家居行业是一个决策周期比较长的行业，消费者往往需要花很长时间考虑要不要买，之所以这样，是因为消费者害怕选错。如果在这个时候，商家或卖场能够帮助消费者降低选错成本，帮他实现所见即所得，无论呈现的是效果图、设计图，还是3D实景图，都能让他更放心地进行购买，甚至为了买得放心，消费者愿意付更多的钱。

第三，**家居行业线上线下销售的产品其实都是同质化的，但这个行业又重视线下体验**。如果能够让消费者在线上，尤其是通过手机先花大量的时间浏览产品，等挑选好产品后，直接到线下卖场或门店去体验，感受实物产品或3D装修效果，就可以替消费者节省很多时间，也会让他省不少心。

消费者在决定购买的时候，往往都会有一些顾虑。比如，花这么多钱到底值不值，会不会买贵了，有没有折扣，会不会错过活动，其他地方会不会卖得更便宜，等等。所以，居然之家跟天猫进行联合，更重要的是让天猫平台给居然之家进行背书，保证居然之家的价格是合理的。

　　而且，居然之家和天猫一起做，既可以在线上找到相关的服务企业，又可以在线下找到实体门店，还有服务和设计团队，消费者花钱购买这种使用周期比较长的耐用品时，就会相对比较放心，购买顾虑也就没有了。

　　至于售后问题，包括什么时候送货、什么时候到货、能不能帮忙安装，等等，居然之家应该将所有能标准化的流程都标准化，并且让消费者知道。这样，就等于给消费者吃了定心丸，解决了后顾之忧，居然之家的商业模式也就成功了。

饿了么：如何打赢超级入口争夺战

陈赋明[一]

每年进入 7 月，滚滚热浪就会迫使人们躲在办公室和家里不出门，尤其是 2018 年夏天，全国各地频频发布高温预警，很多人一日三餐就靠外卖解决。同样的情况也出现在冬季。于是，每年的夏季和冬季就成了外卖生意的旺季。各外卖平台按惯例，会在这两季打响"夏季战役"和"冬季战役"，祭出各种招数争夺商户和用户。

2018 年外卖市场夏季战役的"热度"，跟席卷全国的热浪一样陡然高涨，因为外卖市场的两大巨头美团和饿了么，一个正在 IPO 上市的当口，一个刚刚加入超级巨兽阿里巴巴的阵营，获得满血加持。正如饿了么 CEO 王磊（花名"昆阳"）所说的："饿了么目前只有一个重点，就

一 陈赋明，《商业评论》栏目主编。

是夺回市场份额，从这个夏季战役开始打起。"

2018年4月，阿里巴巴联合蚂蚁金服以95亿美元的估值对饿了么完成全资收购，饿了么自此成为阿里巴巴阵营的一员，原任阿里健康CEO的王磊出任饿了么CEO。受命上任后，王磊对外放出的第一大招，就是投入30亿元发动"夏季战役"，发誓要把市场份额提升到50%以上。据Trustdata发布的《2018年上半年中国移动互联网行业发展分析报告》显示，2018年上半年，美团外卖、饿了么和百度外卖的交易额占比分别为59%、36%和3%。

阿里巴巴为什么收购饿了么？王磊给饿了么确定了怎样的战略定位？在阿里巴巴的商业生态中，饿了么将扮演怎样的角色？让我们一起去探个究竟。

三大价值

阿里巴巴最脍炙人口的口号是"让天下没有难做的生意"，而其背后的商业实质是，围绕消费者和商户实现商业的互联网化，从而提升商业的效率。这里的消费者既可以是服装、美妆、家居等实物商品的用户，也可以是电影、音乐、视频等数字商品的用户，还可以是餐饮、酒店、票务、出行等生活服务的用户。同样，这里的商户既可以是实物商品和数字商品的生产者和销售者，也可以是生活服务的提供者。所以，在阿里巴巴的大生意圈里，本地生活服务一直是布局的重点。[⊖]

然而，直到今天，阿里巴巴在本地生活服务领域的多点布局，既缺乏相互之间的紧密协同，没有形成集团军优势，又没有哪一块能够实现单点突破，成为阿里巴巴本地生活服务的核心入口。不仅如此，过去几年里，阿里巴巴在本地生活服务布局上还一直存在两个明显的短板。

餐饮外卖作为刚需高频的生活服务项目，最有可能成为本地生活服务的核心流量入口。阿里巴巴的移动餐饮服务平台淘点点，虽然也推出了外卖服务，但跟当时的饿了么和美团外卖相比，实在不成气候。阿里巴巴在餐饮外卖的布局上必须有新的动作。

即时配送是阿里巴巴在本地生活服务领域的另一个明显短板，尤其是在当前的新零售大潮下。这一点听起来颇具讽刺意味，要知道，阿里巴巴主导了全球领先的智慧物流网络平台——菜鸟网络，能够实现当日达和次日达的高效物流配送。但是，对于本地生活服务，尤其是外卖和生

　　⊖　参见副栏"阿里巴巴在本地生活服务的布局"。

鲜来说，需要的则是分钟级配送。更何况，阿里巴巴正在大力推进新零售，希望通过新零售打造"三公里理想生活圈"，这同样需要 30 分钟达、60 分钟达的即时配送能力，偏偏阿里巴巴构建的物流体系中缺少这种能力。

　　一方面，阿里巴巴在本地生活服务布局上存在薄弱环节；另一方面，定位本地生活服务电商的美团不断壮大，正在成为阿里巴巴在本地生活服务领域的强大对手。于是，从现实需求出发，阿里巴巴联合蚂蚁金服果断出手，以 95 亿美元全资收购饿了么。通过这一收购，阿里巴巴获得了市场份额第二的外卖平台，以及拥有 300 多万名骑手的蜂鸟即时配送网络，使阿里巴巴的新零售战略在向本地生活服务的纵深拓展上取得了重大突破。

　　王磊的话证实了此次收购的背后意图："阿里巴巴收购饿了么有三个理由。首先，本地生活对阿里巴巴是非常重要的入口。阿里巴巴从实物电商到数字电商，再到本地服务电商，是一脉相承的。阿里巴巴所做的都是围绕消费者和商户的商业互联网化，只是场景在不断变化。其次，即时配送对阿里巴巴新零售来说是核心基础设施。最后还有一点，外卖是高频的支付场景，这对阿里巴巴金融业务也会是一个支撑。"

　　那么，反过来，对饿了么来说，阿里巴巴的收购又意味着什么？饿了么联合创始人、首席运营官康嘉坦言：
"作为创业者，我们的心情是复杂的。"但是，包括张旭
豪、康嘉在内的饿了么创始团队也很清楚，面对多点开
花、集团作战的竞争对手，饿了么是存在劣势的，跟对手
对抗的时候很吃力。

2016年年初，阿里巴巴入股饿了么，然后把口碑平
台上自己的外卖业务停掉，所有外卖订单交由饿了么运
营。此后，支付宝App也为饿了么提供了专属入口。
"阿里巴巴给我们投资后，我们就开始发挥一些协同效
应。如果没有跟阿里巴巴的协同，我们的竞争压力会
更大。"

正是看到了阿里巴巴投资带来的协同效应和资源支
持，饿了么团队有了更多信心，他们希望在阿里巴巴的加
持下，能够打赢竞争这场仗，继续完成自己的创业梦想，
甚至把这个梦想做得更大，推得更高。

"阿里巴巴能够给我们更多的竞争助力，使我们能跟
对手来一场公平的、同维度的竞争。同时，我们的蜂鸟配
送跟阿里巴巴生态，尤其是新零售对接后，将获得更大的
延展性，可以有很多玩法和想象空间。"康嘉对饿了么进
入阿里巴巴阵营后的未来发展充满了憧憬。

做本地生活服务核心入口

在王磊看来，阿里巴巴在这个时候收购饿了么"时机非常好，因为外卖业务正处在一个已经启动但还没有快速发展的阶段"。2017 年，国内互联网餐饮外卖市场规模达到 2 078 亿元，而整个餐饮业收入近 4 万亿元，外卖占比连 6% 都不到。而且，餐饮外卖移动领域渗透率仍然较低，仅为 8.9%，市场依然具有较大的拓展空间。所以"外卖业务还大有可为"。

易观的监测数据也证实了这一点。截至 2017 年年底，在本地生活服务场景下，餐饮外卖业务已成为生活服务类别下的第二大消费场景，排在第一位的是生活服务综合平台。这表明，外卖市场本身仍在持续增长，但同时外卖市场的竞争也在向更广泛的本地生活服务领域延伸。

王磊清楚地洞察到了这种趋势。在就任饿了么 CEO 之后，他跟团队成员经过了多轮沟通和讨论，最后提出了"饿了么要成为本地生活服务核心入口"的战略定位，给饿了么今后的发展指明了方向。

这一战略的提出，既考虑到了外卖市场和本地生活服务的发展趋势，同时王磊也希望能在商户和用户的心智中印上阿里本地生活服务品牌的烙印，让他们将本地生活服务与阿里饿了么画等号。

"在阿里巴巴，我们有手淘、支付宝这样的超级入口，大家提起移动购物、移动支付，想到的就是手淘、支付宝，这就是用户的认知。阿里巴巴也有很多本地服务的入口，像口碑、淘票票、飞猪、高德地图等，但没有一个足以在用户和商户心智中建立认知的体量。饿了么能不能做到？餐饮是最高频的消费场景之一，越高频的东西，就越应该承担更大的责任。"王磊给饿了么定下了一个充满吸引力的目标。

对于这个战略目标，康嘉也显得"野心勃勃"："我认为饿了么应该成为最重要的入口，在阿里本地生活集团军里面，饿了么的流量规模是靠前的。我们要成为前锋，把阿里巴巴的集团军带动起来，形成一个'打群架'的效应。"

夯实根基

成为核心入口是饿了么的战略目标，这个目标的实现绝不是一朝一夕的事，也不是凭空就能完成的。王磊很清楚这一点，而且他也知道，核心入口是慢慢长成的，它首先得有一个根基，只有这个根基足够坚实，足够强壮，并且有足够的体量，才能承担起核心入口的重任。

那么，饿了么的根基是什么？毫无疑问，是外卖业务。在饿了么的收入中，外卖业务占到了90%以上。饿了么的外卖业务足够强吗？很可惜，并不。在互联网餐饮外卖市场中，饿了么的份额与第一名还有不少距离。

对于这个结果，为饿了么整整打拼了十年的康嘉"既不服气，却又无奈"。要知道，国内外卖市场就是饿了么团队靠拼搏开创出来的，并一度一统外卖市场的天下。在当时的用户认知里，饿了么就是外卖，外卖就是饿了么。然而，随着外卖市场的崛起和不断扩大，2013年开始，各路人马纷纷入局，其中不乏家底殷实、运营经验丰富、团队建制正规的商业巨头。面对这些巨头，大学生创业起家、没有商业运营经验的饿了么团队，在市场开拓、组织管理、运营效率等方面显现出劣势。于是，更多的入局者虽然迅速做大了整个外卖市场，饿了么的市场份额却不断被蚕食，称霸天下的局面也被打破了。

所以，对王磊来说，成为本地生活核心入口是一个长期的大目标，饿了么当前的重点只有一个，就是重新夺回市场份额，将其提高到50%以上。"50%是竞争的分水岭，过了50%，竞争的主动权就在我们手上了。"

王磊说的主动权是什么意思呢？可以从两个方面来理

解。一个方面是，饿了么的市场份额一旦重新回到50%以上，饿了么曾在用户心智中建立的认知，就能从沉睡中被唤醒，并在阿里巴巴的强力背书和生态加持下得到进一步强化。这样一来，王磊描绘的本地生活服务核心入口的宏图，就有了扎实的根基。

另一方面，饿了么拿到50%的份额后，仍在亏损、急于融资的竞争对手，就会处境不利。"餐饮外卖是个高消耗的行业，需要大量持续的投入，如果对手失去了占优的份额，投资人心里就会掂量了。而饿了么在阿里大生态里面，可以获得有力的支持。市场的天平就会倒向我们。"王磊解释道。

夺回第一。 说一千道一万，饿了么当前的首要任务就是重新夺回市场份额。那么，怎么夺呢？

投入30亿元发动"夏季战役"，就是王磊放出的第一招。看到30亿元，大家的第一反应可能就是价格战，给用户发红包、免运费、做满减，以此来抢夺用户。"其实，给用户的这些优惠，我们每年都会做，这次夏季战役的投入重点并不在用户端。"王磊说道。

事实上，王磊多次指出，饿了么，以及整个阿里巴巴，做的都是平台生意，而平台生意都是通过服务商家来服务消费者的。"所以，30亿元更多是投在了对行业的升级上，包括市场投放、物流体系升级、商家服务体系升级等。这是一套完整的战役部署。其中，三四线城市是我们的核心战场，因为我们之前在这些地区有点弱。"

就算在三四线城市，饿了么也不是哪个城市都打，而是哪里弱，就往哪里打。而且，外卖生意具有很强的本地化属性，在一个城市有效的打法，到了另一个城市可能就失灵了。所以，必须根据各个城市的份额情况，制订不同的打法。"我们在各个城市会找到一个对标，看我们的市场到底是多少，是好还是差。如果差，怎么改变。对份额低于20%、20%~30%、30%~40%、40%~45%，我们的打法都应该是不一样的。"王磊说。

组织升级。康嘉坦言，在阿里巴巴收购饿了么之前，他们面临两个大的压力，一个是流量资源，一个就是团队的组织能力。"我们到2014年年底已经有5 000人了，2015年又迅速壮大，达到快10 000人。公司发展太快，整个组织的能力建设就会脱节。而我们这种公司是重运营的，非常强调供应链能力、商户用户的承接能力、线上线下的协同能力，这对整体组织能力提出了非常高的要求。"

所以，王磊上任后的又一个大动作就是组织改造。他梳理了饿了么前端的运营架构，发现在城市和大区，运营管理是按交易和物流两条线进行垂直划分的，两条线有不同的汇报链条，交易归交易，物流归物流，是两拨人。这样一来，无论在城市还是大区，运营线之间的协同就存在问题，明显影响了市场和运营的效率。

"如果只是一个劲地开新店，不去很好地服务商户、做运营，店铺倒闭率就会很高，这不是健康的成长模式。所以，我觉得前端团队应该叫运营，运营才是关键，得把流量、商户、供给、物流、排序规则、商户活动等都贯穿起来，形成一种生态的力量。"王磊一针见血地说。

于是，王磊改变了饿了么在运营层面的组织架构，建立了城市经理制和大中台。在每个城市，饿了么设立一个城市经理，把交易和物流两条线合并起来，由城市经理统一管理和调度，这样一来，城市前端出现任何问题都可以找到唯一的负责人，迅速解决问题。在城市经理上面有大区经理，他们分别管理所在大区里的所有城市，也是交易和物流一把抓。所有大区经理再向两个分管几个大区的运营高管汇报，后者直接面向总部大中台的"大管家"首席运营官康嘉。

大中台的职能包括策略支持、数据支持、资源支持、运营政策制定等，它是前端的支持者、赋能者和协调者。"餐饮外卖有很强的区域属性，只有前端的运营人员最清楚自己地盘里发生的事情，最清楚怎么做决策，也就是大家常说的，让听得见炮火的将士做决策，然后我们提供资源支持。当然，我们也会有所管控，制定一些统一的运营政策和策略。"康嘉解释说。

除了整编组织，王磊还引入了阿里巴巴一些好的管理方法，比如三表管理机制，即目标表、策略表和评估表。康嘉说："我们现在每个月都要做计划，然后检核，最后进行评估。这些表格我们以前也都知道，但是不怎么用，或者说使用起来不到位。现在，有了阿里巴巴的经验和资源，我们就能把这套东西很好地用起来。"

如今，饿了么的运营架构调整好了，中台和前端的配合机制也建立了，剩下的就是"怎么调整考核体系，让生产关系更好地服务生产力。但是，具体的考核、KPI等，我还要想一想。"王磊做得比较谨慎。他很清楚，饿了么不是一个新业务，这个盘子已经在那里了，它不需要刮骨疗伤，而是需要逐步优化。

不过，康嘉还是明显感受到饿了么在组织能力方面的提升。"外界要看到效果，肯定需要一些时间，但作为内部人，我的感受还是比较明显的。我们的短板在迅速补齐，各个部门之间的'隔墙'被很快打破，还有了很好的绩效机制、协同机制。阿里巴巴非常擅长组织能力的锻造，在这方面给予饿了么强有力的注入。"

赋能商家。做平台生意，就是要服务商家，再让商家去服务用户。在服务商家、赋能商家这件事上，饿了么在被阿里巴巴收购之前就在做了。

比如，餐饮商家对外卖这个概念已不陌生，但是，在怎么做好外卖这件事上，康嘉认为很多商家不得其法。于是，饿了么专门出了一本书，教商家怎么专业地做外卖。

再比如，饿了么很早就开发了一套叫 NAPOS 的商家后台系统，这套系统承载了很多给商家赋能的功能，其中有一个模块叫商家营销。在这个模块里，饿了么给商家提供了十几种营销玩法。

进入阿里生态后，饿了么赋能商家的工具和方法就更丰富了。他们学习了淘宝商家的运营经验，对餐饮商家进行分层，然后针对不同层级的商家，给出不同的政策。同时，对需要管控的地方，进行严格管控，比如像食品安全问题。

此外，天猫和淘宝的营销玩法可谓五花八门，饿了么也可以借鉴，丰富餐饮商家的营销选择。同时，因为跟阿里生态的流量打通了，饿了么的商家还可以通过阿里巴巴的流量渠道，如口碑、支付宝、手淘、聚划算等去做营销。"一般会以某种招商的形式进行合作，商家在 NAPOS 后台可以看到这些招商的入口，他可以选择参加或者不参加，当然参加需要满足一定的条件。"康嘉解释道。

下一步，饿了么打算组织大量的商家大会和商家培训。同时，会邀请优质的代运营商、技术供应商等加入饿了么平台。这样形形色色的第三方服务商入驻，可以帮饿了么构建一个生态圈，更好地给商家提供全方位的服务。

在赋能商家上，最新的典型案例要数星巴克。看起来，饿了么跟星巴克合作，无非就是星巴克在饿了么上面开个店，有订单了，饿了么就去送。实际上，"这背后包含了很多升级，像智能调度系统、配送系统和技术、包装技术、温控技术，甚至员工管理系统和产能控制系统。等到我们把所有这些系统和技术升级完善了，这就是一套更先进的东西，可以开放给其他很多品牌使用，这等于对整个餐饮外卖行业，甚至本地生活服务领域进行大升级。"王磊透露道。

接入新零售。饿了么进入阿里生态后，正式成为阿里新零售八路纵队之一，也补上了阿里新零售战略向本地生活服务拓展的重要一环。饿了么开始接入盒马、天猫超市、大润发、天猫小店、阿里健康等非餐饮外卖的业务资源。不过，承担这些业务的主要不是饿了么外卖平台，而是蜂鸟配送。

饿了么之所以这样做，一方面，是因为阿里新零售要打造"三公里理想生活圈"，蜂鸟的即时配送能力是核心基础设施；另一方面，对饿了么自身来说，也急需输入这样的业务资源。王磊解释说："饿了么现在很关键的一点是调整业务结构。如果不调整结构，只依靠外卖业务，我们的成本就不会改变。这样做下去，越做结构就越不合理。"

王磊说到的成本，主要涉及配送人员的成本。饿了么现在有 300 多万名骑手，而餐饮外卖的即时配送有两个明显的峰值，就是中午和晚上的两个饭点，在这两个时间点之外，配送运力是闲置的。接入非外卖的业务资源，利用错时配送，就能让骑手的闲散时间发挥价值，不仅可以增加骑手的收入，也能大大摊薄饿了么的成本。更何况，这些非外卖业务本就属于本地生活服务的范围，饿了么未来想打造成本地生活服务核心入口，现在正好可以慢慢渗透进去。

事实上，对于蜂鸟配送这个品牌，饿了么也有意让它独立发展、走向前台。康嘉同时也是蜂鸟的负责人，他透露："饿了么和蜂鸟作为两个独立品牌进行露出，这种趋势会越来越明显。蜂鸟会对外开放，甚至拥有面向 C 端的业务，如蜂鸟的跑腿、同城配送等。它会继续在饿了么平台上进行露出，比如饿了么有个频道叫帮买帮送，就是骑手直接去接单、送单的。"

2018 年，在蜂鸟配送这一块，公司设定了一个比较重要的 KPI，就是蜂鸟独立配送的订单（内部也称"非饿订单"）有多少。从这一点也可以看出，公司希望独立打造蜂鸟品牌。

生态协同。湖畔大学教育长曾鸣教授指出，生态是未来最有价值的一种生存方式，而生态要想创造价值，生态成员之间必须创造出协同效应。王磊也断言，今天外卖市场的竞争已不再是外卖本身的竞争，而是生态体系的竞争。

对于饿了么跟阿里生态的协同，其实早在阿里巴巴首次投资饿了么时就开始了。当时，阿里巴巴在支付宝 App 和口碑上给饿了么提供了专属入口。"只是那时候，饿了么跟口碑毕竟是两家人，双方的协同还谈不上密切，最多是你给我入口，我也给你开个口，有时候导流不太对等，心里还会有疙瘩。现在完全不一样了，我们现在想的是怎么联合做项目，商量着在外卖用户买完单之后，是不是可以给他推荐口碑的到店券；在口碑用户到店买完单之后，是不是可以给他塞张外卖券，让他在家点外卖。双方完全融入一个链路里，作为整体业务来考虑。"康嘉介绍道。

正如康嘉说的，如今饿了么正在逐步融入阿里生态中，在不同层面、不同形式上跟生态成员进行深度协同。比如，手淘的"外卖"频道切换成了"饿了么外卖"，饿了么成为手淘首页 10 个默认入口之一；收购两个月后，水果、生鲜、药品、鲜花等非餐饮品类纳入到饿了么的配送范围；全面升级天猫淘宝 88 会员体系，使饿了么与阿里生态各成员在会员、数据、流量上实现互通，等等。

"我相信饿了么跟生态成员的协同会越来越多、越来越深入。至于具体跟哪个生态成员进行融合，如何融合，这不是你想怎样就怎样的，核心还是要看双方有没有创造价值，是不是有合适的场景。就拿手淘首页的饿了么入口来说，我觉得我们的价值是帮手淘提供了一个不一样的场景，让它可以服务更多不同的消费群体。当然，对我们来说，手淘带来了流量。这是一个双赢的方案。"王磊说道。

※　　※　　※

艾媒咨询《2018 上半年中国在线外卖市场研究报告》显示，自 4 月被阿里巴巴收购以来，饿了么借力天猫、淘宝、支付宝、阿里健康等生态资源，2018 年二季度 App 月活跃用户增速领跑全行业，新零售交易额增长 45%，增速远高于传统餐饮外卖市场。

2018 年 10 月 12 日，阿里巴巴宣布，饿了么和口碑正式合并，成立阿里巴巴本地生活服务公司，打造本地生活服务平台。11 月，阿里巴巴本地生活服务公司获得由阿里巴巴、软银和其他第三方投资者提供的超过 30 亿美元资本的独立融资。在新框架下，饿了么和口碑将进一步从"到家"和"到店"两个场景合力并进，饿了么本地生活服务资源和即时配送能力，加上口碑的商家服务体系和消费者洞察，将作为一个整体，推动以餐饮为主体的本地生活服务市场的全面数字化、互联网化升级。

阿里巴巴的这个最新动作，无疑给了王磊和饿了么更大的信心，因为这意味着饿了么将获得更充裕的资源和生态赋能。虽然跟对手的竞争会更加激烈，实现本地生活服务核心入口的路径尚不清晰，王磊也一再表示对这个入口并无执念，但从他坚定的话语和犀利的出招中，分明可以感受到他对饿了么的深切期望，让我们拭目以待吧。⊖⊜

阿里巴巴在本地生活服务的布局

2006 年 10 月阿里巴巴收购口碑网，整合为"淘宝本地生活"，开始布局本地生活搜索服务。

2010 年 3 月阿里巴巴推出团购平台聚划算，为用户提供服饰、时尚、鞋包、电器等团购服务。

2010 年 5 月淘宝旅行上线，为用户提供机票、酒店

⊖ 本案例为《商业评论》"新零售 100 案例库"第 008 号。

⊜ 2017 年 8 月，饿了么收购百度外卖，后者仍以独立的品牌和运营体系发展。——编者注

客栈、景点门票等旅游产品的一站式解决方案。

2012 年 10 月淘宝本地生活推出"地图搜",用户可以通过地图搜索优惠信息和商户。

2012 年 10 月阿里巴巴投资本地生活信息服务平台丁丁网。

2013 年 1 月支付宝推出"支付宝钱包",试水移动商务。

2013 年 4 月阿里巴巴投资快的打车。

2013 年 12 月阿里巴巴推出移动餐饮服务平台淘点点,主要提供点菜和外卖两大功能。

2014 年 4 月阿里巴巴收购高德地图。

2014 年 10 月淘宝旅行升级为阿里旅行。

2014 年年底互联网票务平台淘宝电影上线。

2015 年 6 月阿里巴巴重新建立本地生活服务平台口碑网,将淘点点注入新的口碑平台。

2016 年 5 月淘宝电影更名为淘票票。

2016 年 6 月阿里巴巴联合蚂蚁金服投资滴滴出行。

2016 年 10 月阿里旅行升级为全新品牌"飞猪"。

2017 年阿里巴巴投资 ofo 小黄车和哈罗单车。

2018 年 4 月阿里巴巴联合蚂蚁金服以 95 亿美元全资收购饿了么。

2018 年 10 月阿里巴巴成立阿里巴巴本地生活服务公司,合并饿了么和口碑,打造本地生活服务平台。

现在，就看饿了么的执行力了

周宏骐[⊖]

任何创业都是很难一眼看到终局场景的，生意也总是持续动态发展的。伴随着激烈竞争和生死存亡，"战略坚守"与"战略漂移"之间的界限越来越模糊。这已然成为移动互联时代，在知本与资本双"胆大"的热潮下，对企业发展方式的一种新认知。

2008年饿了么刚创立时，是一家解决外卖痛点的公司，主营网上订餐、线下配送的"外卖平台"生意，专注于高校市场。但是，随着竞争者进入，并且发起各种用户补贴式的营销肉搏战役，饿了么除了坚守原有高校市场，还必须争夺兴起的中高端都市白领市场。

⊖ 周宏骐，新加坡国立大学商学院教授，《商业评论》"新零售50人"成员。

经过多年竞争，到 2018 年上半年美团外卖和饿了么的市场占比分别为 59% 和 36%。有趣的是，外卖市场形成两强对峙、高度集中的格局后，许多观察者认为它们的战略目标正在趋同。为了成长，它们目前的战略目标都是想变成"**本地生活服务核心入口**"，做本地生活服务电商，也就是，在外卖业务的基础上快速叠加非外卖业务。

不出意外，在阿里巴巴入股加持之后，饿了么的目标一定是快速拿下市场第一的地位，让市场份额回到 50% 以上。而饿了么可以祭出的"差异化"竞争动作，无外乎：

- 布局过去疏于覆盖的三四线城市市场；

- 更"血腥"的营销厮杀；

- 融入阿里生态，把天猫、淘宝、支付宝等导流资源通过协同效应进行放大；

- 通过服务商家来服务消费者（比如提供商家数字化转型的基础设施和工具），对商家进行分层，实行差别政策，赋能头部商家；

- 提升整个组织的运营效率，实行交易和物流一体化的城市经理负责制，加大对中台系统的建设；

- 学习阿里巴巴细致的管理方法，保证政策层层落地。

在以上种种竞争动作中，我认为最重要的是饿了么融入阿里生态，形成"生态效应"。星巴克最终决定与饿了么进行战略合作，就很好地展现了这一点。饿了么和阿里系其他伙伴一起共同为星巴克提供完整的解决方案。饿了么和星巴克的合作也带来了示范效应，许多大客户纷纷主动寻求与饿了么进行合作。可见，融入阿里生态，确实让饿了么获得了新的竞争优势。接下来，饿了么能不能让市场份额回到50%以上，就看它的执行力了。

饿了么一直强调以消费者为中心的理念，坚信未来不变的是"让消费者用更低的价格，以更快的速度，拿到更安全的食品和产品"。要实现这几个目标，就得拆解价值链的每一个环节，思考传统做法是什么、该用哪些具体手段进行改造，提高效率。

更低的价格：商家愿意给出最低价，产品还得优质。如果不靠补贴，饿了么能够提供给商家的持续盈利公式是什么？

更快的速度：除了通过流程改造和 IT 系统来提升从用户下单到商家生产的后端供应链效率，还要依靠外卖小哥在最后 1 公里的快递效率。而后者，除了依赖 IT 调度系统，剩下就靠在街上横冲直撞，同时保证没有交规违法成本，但整个社会为此付出了巨大的社会成本。因此，饿了么需要找到确实可行的方法，既保证遵守交规，又能实现快递效率。

更安全的食品和产品：本质上，饿了么是"在线超市"，用户在线下单，如果吃坏肚子，平台需要负连带责任。怎么保证商家的食品更安全？如何控制源头的食材安全？如何确保烹饪和包装安全？既要做到高质量、持续稳定的生产，又要提供高性价比，饿了么必须改造商家的传统做法，实现精细化运营。

此外，饿了么在一二线城市主要迎合"忙急懒难型"消费者，以白领午餐刚需外卖为主场景，创造"有求快应"的效率价值。经过五六年的发展，一二线城市外卖市场增速已经放缓，于是饿了么想深挖这个客群其他的本地生活消费场景。不过，它必须看到一个现实：在商业区和住宅区附近，大型购物中心、零售升级店（如小盒马），甚至智能无人店正在兴起，满足白领群体"逛"和"选"的体验价值。饿了么能够在多大程度上把用户钱包内有限的可支配所得争取过来？尤其是那些主要依靠打折满减迎合顾客，产品没有品牌竞争力和复购力的小餐厅，很可能被"新与鲜"的新零售淘汰出局。

饿了么还认为必须下沉深耕三四线城市市场，从市中心转移到城郊县乡，把一二线城市能够享受到的餐饮品牌通过外卖业态引入当地，这是一种降维打法。然而，三四线城市市场能否成为业务增长极、掘金新高地？两大外卖平台都宣称在三四线城市实现较高增速，但城郊县乡的"忙急懒难型"消费者的基数够不够大，需要多长时间去培养，仍在审慎观察之中。

第四章

利益的重构

要给消费者创造全渠道购物体验，就需要化解线上和线下、企业和经销商之间的利益冲突。如何重构各种利益关系，让各方形成利益共同体？

TATA 木门：用新零售"踹开"千亿大门

陈赋明⊖

一走进 TATA 木门的北京总部园区，首先进入视野的是竖立的几个白色大字——"我们是 TATA，我们正青春"。在这些字的背后，一大片喷水自灌的草坪映入每个人的眼帘，与此相呼应的还有整个园区错落有致的办公厂房鲜亮的红色轮廓。瞬间，青春奔放的气息包围上来。

随着三天访谈的深入，这种青春气息愈加浓烈。在一般人的概念里，木门作为一种家居建材，再传统不过。可你知道吗？木门虽然在家家户户早就出现了，但以前都是木匠上门手工制作的，作为一个行业，它直到 2002 年左右才渐成气候。1999 年创立的 TATA，正是这个年轻行业的开创者和助推者之一。

⊖　陈赋明，《商业评论》栏目主编。

与木门行业同样年轻的，还有 TATA 人。TATA 在全国有上万名员工，平均年龄只有 27 岁，在这个仍属传统制造的行业里，是最年轻、最有朝气的团队之一。在 TATA，有一条不怎么近人情的硬性规定：除了极特殊的专业技术岗位，应聘者超过 35 岁就不再考虑。这条限令同样适用于 TATA 的经销商。

为什么 TATA 喜欢用年轻人？2009 年大学毕业就加入 TATA，现为 TATA 人力资源总监的刘威解释："TATA 用年轻人最大的一个考虑是'年轻人不安于现状，不墨守成规。因为没有经验的束缚，他们思维活跃，愿意接受挑战，敢于尝试新的东西。'所以，我们每年都会校招，公司很多中层都是大学毕业就进入公司，然后成长起来的。"

不单单是中层，公司高层也都是年轻时就成为 TATA 一员的。TATA 三位创始人吴晨曦、纵瑞原和季奎，在 1999 年共同创立 TATA 时只有 20 多岁；一手培养并提携了多名中层的营销副总经理孟祥雷，在许多员工眼里是一名元老级人物，却也是个年轻的 80 后；掌管全国七大生产基地的生产整合副总经理夏金华，2005 年加入 TATA 时，只是一个初涉职场的小女子，从设计部、服务部，到大区运营，再到统辖八大部门的生产整合中心，她从基层一步步成长为 TATA 的核心高管。

可以说，年轻人的开放心态和敢于尝试，是 TATA 的基因片段。在 19 个年头的发展中，TATA 的这群年轻人凭着一股初生牛犊不怕虎的闯劲，成了木门行业的开拓者、创新者和引领者。

当初，吴晨曦正式打出"TATA 木门"这个品牌，第一次有人把"木门"这个在当时人眼里土得掉渣的叫法放进了品牌，由此推动了一个行业的兴起。2017 年，整个木门行业的产值规模超过了 1 300 亿元。

2002 年，TATA 发现了网络营销的秘密，成为木门行业，乃至建材行业最早涉足互联网的企业，从此与互联网结下不解之缘。

2007 年，作为指定木门供应商，TATA 参与了国家体育场"鸟巢"的建设工程，因优异的工程质量荣获 2008 年度"中国建设工程鲁班奖"，成为木门行业首个获此殊荣的企业。

2012 年开始，每年 12 月 22 日，TATA 都会举办一场广受瞩目的新品发布会，开创行业先河。在年度发布会上，TATA 相继推出了隔绝噪音的静音门、适合老年人的推转门、适用于小户型的平折门、专为崇尚个性的年轻人设计的写真门、备受南方消费者推崇的暖芯门、致力于健康生活的第 3 代环保油漆工艺"肌肤系列"等，引领了整个行业的产品趋势。

2012 年，淘宝商城更名天猫，TATA 随即入驻，再次让行业"大跌眼镜"。离不开线下服务的木门定制，能上天猫卖吗？但 TATA 用当年优异的销售额给出了一个响亮的回答。

从最初 3 个股东、10 万元资金、5 个工人、3 间窝棚，到今天上万名员工、7 大生产基地、近 2 000 家门店，TATA 人用青春创造了辉煌。

如今，新零售正汹涌而来，勇于突破、敢于尝试的 TATA 人岂会错失。2017 年，他们成为木门行业首个与阿里巴巴进行新零售深度合作的企业。那么，在 TATA 看来，电商是什么，新零售又是什么？他们做了哪些探索？他们希望新零售能给 TATA 和整个行业带来什么？

互联网：是个好东西

木门是个定制行业，但这并不是木门企业的选择，而是房产开发商在设计建造房子时，对门洞的宽窄、墙体的厚薄没有统一标准造成的。所以人们装修房子时，必须按照自己家门洞和墙体的情况来定制木门。在一般人看来，木门定制行业似乎跟互联网和电商沾不上边，因为不是标准品，用户无法像买衣服一样，在线上直接下单等着收货。

如果吴晨曦也这么认为，TATA 与互联网、电商的渊源可能就不会那么早、那么深了。国内品牌商和零售商做电商，大多是从天猫平台开始的。TATA 也是在天猫更名的 2012 年入驻了这个平台。但是，这并非 TATA 电商路的起点，因为在更早的 2002 年，TATA 就开始用互联网做销售了。

这在很大程度上要归功于设计出身但喜欢 IT 网络的吴晨曦。当时，TATA 起步不久，没什么规模，也没有能力开店，就和北京建材城里卖基础门扇的店商量，摆几樘门代销，一共找了 9 个代销店。一天，代销店来了一个客户，问 5 户一起买能不能打折。店长做不了主，就给吴晨曦打电话。吴晨曦想，本来单子就不多，就给个 95 折吧。过了一会儿，店长又打来电话，说这个客户下单了，但只交了自己的订金，说其他几户过几天来交，并留下几个奇怪的名字，他觉得这个客户有问题，很可能是想骗折扣。吴晨曦一听那几个名字，凭他总在天涯社区"灌水"的经验，断定都是网名。

于是他上网搜索"TATA 木门"，出来了 28 个结果，从中找到了"焦点房地产网"（即现在的搜狐焦点），以及那几个网友所在的北京"万科青青家园"小区 BBS。吴晨曦潜进去，看到网友们正在讨论 TATA 木门。吴晨曦便对那位店长说，没事，这些人不是骗子，他们会来下单的。果然，这些单子最后都成交了。

这次成交让吴晨曦意外发现了网络销售的大好机会。于是，TATA 开始在焦点网的新楼盘论坛里组织木门团购活动，经常把产品图片放上去，就能轻松获得订单。TATA 由此摆脱了创业初期亏损的艰难局面。2003 年因为"非典"的出现，很多厂家受到影响，线下生意几乎停滞，TATA 却依靠线上团购生意红火，全年销售收入暴增。

网络销售带给 TATA 的，不只是订单和收入，还有与客户广泛沟通的机会。客户对产品有什么不满意，会直接在 BBS 里吐槽，这时候就考验厂家的态度了。"有的品牌碰到客户投诉，不是想着怎么解决，而是跟客户针锋相对，要求客户删帖。这是很愚蠢的。我们有客户在 BBS 吐槽的时候，我们从不要求删帖，而是好好跟他沟通，一起解决问题。这能很好地展现 TATA 的责任感，而且这种态度会很快在论坛里得到传播。"吴晨曦深谙营销之道。

当然，客户在论坛里也会提建议，表达自己的需求，这对 TATA 的产品研发和运营大有好处。2002 年年底，TATA 对自己的产品风格做了重大改变，转向简约风格。"做出这一改变，是因为我们通过互联网了解到客户需要什么。我们会提前做好产品图片放到论坛里，看网友的评价和反馈，然后决定到底推出哪些产品。"吴晨曦说道。

随着网络销售的增长，靠代销店展示的那几樘门已经无法满足客户的体验。这时候，有的厂家可能会选择自己开店，所有的钱都自己挣，不让代销店分一杯羹。但TATA 没有这么做，而是选择跟代销店沟通，问他们愿不愿意转成专卖店，只卖 TATA 的木门，把线上的团购订单都交给他们来消化。最后，有五家店成了 TATA 的经销商。

网络团购的成功，还推动着 TATA 向全国扩张。他们采取了一种讨巧的做法：焦点网在哪个城市设分站，TATA 就去哪个城市开店，然后把团购模式复制过去。

电商部门：建了关，关了建

起初，TATA 的网络销售基本上都是吴晨曦亲自推动的，并没有成立专门的电商部。的确，淘宝网 2003 年才成立，那会儿有几个人知道电商？不过，当时在 BBS 上做团购的可不止 TATA 一家。TATA 营销副总经理孟祥雷当时就在另一家建材公司做 BBS 团购，"我在网络论坛里总能看到 TATA 木门的团购活动，由此认识了吴晨曦"。2006 年，孟祥雷辞职加入 TATA。

孟祥雷在 TATA 的首个岗位是 TATA 北京十里河店店长。当时，TATA 在北京有 9 家店，十里河店的业绩是倒数第一。孟祥雷做了店长后，用 4 个月时间就让业绩从倒数第一升到了第一。"我就用了门店＋互联网"，孟祥雷哈哈大笑着说。不过，才做了一年多，吴晨曦就不让他当店长了，原因是其他店长都来上访，说他们的单子都让孟祥雷给抢走了。

"不让给一家店干活，给北京所有店干活，总可以吧。"2007 年年底，孟祥雷成立了北京电商部门，把网上团购的订单都分给门店，等于帮着他们卖。当时，电商部门只有 4 个人，但做得非常好，一个月差不多有七八次团购会，每次订单数量都过百。不过，好事情并不总是有好结果。当时，TATA 有一个政策，按照订单的折扣高低，决定经销商的提成。做团购肯定折扣低，这样一来，经销商拿到的提成就少。于是，吴晨曦又不让孟祥雷干了，电商部门第一次解散。

随后，孟祥雷接手了负责全国运营的销售管理中心。在频繁的出差中，他在机场总能看到一个场景：有女孩子热情地帮旅客把登机牌打出来，然后请他们办一张携程卡，可以上携程网站买机票订酒店。孟祥雷问吴晨曦，携程算不算电商。吴晨曦说当然算。孟祥雷便说，如果它是电商，那我们也可以做电商。

2009年年底，TATA再次成立了电商部门。上一次，TATA电商做的是线上团购，然后把团购订单分给线下门店。这一次，携程靠地推引导客户上网的模式启发了孟祥雷。他联合搜房网（即现在的房天下），挑选了搜房网100个城市分站，在这些分站上各开了1家网店，共计100家，分别对接这100个城市的线下门店，线上成交的订单直接给到当地的门店。"当时的效果特别好，一天的销售额接近1亿元。"孟祥雷现在讲起来还很兴奋。

但是，持续了一段时间，麻烦又来了。因为没有网上支付手段，网店的订单只能记个数，并不算真正成交，客户得先预约再到门店完成交易。更重要的是，因为公司发展很快，经销商们开始担心哪天公司一强势，自己在线下开直营店，把网店订单都转到自己的门店，经销商就空欢喜一场了。于是，就出现有些城市的门店表面上配合，实际活动时推三阻四。没坚持多长时间，电商部门就干不下去了，只好再次解散。

经销商：不是外人

从 TATA 发现网络团购的秘密，到两次成立电商部门，又两次解散电商部门，我们可以发现三点。首先，TATA 很早就有互联网意识，总想着怎么利用互联网来推动线下的销售；其次，TATA 团队敢于探索和尝试，哪怕网络销售一再受阻，他们还是想再试试；最后，无论是孟祥雷做店长时的"门店＋互联网"，还是后来给线下门店做网络团购，抑或开网店做线上线下联动，所有尝试受挫都跟一个因素有关，那就是经销商的利益。

可以说，TATA 要想继续做电商，首先得处理好与经销商的利益关系。怎么处理？无非就是两条路，一条是放弃经销模式，全部自己干；另一条是把经销商利益放首位。可是，说说容易，这两条路实际都不好走。不做经销，自己开店，自己卖货？这种重资产压力和经营压力不是一般企业所能承受的。赚钱先考虑经销商？这就太考验企业家的胸怀了。也正因为如此，我们可以看到，直到现在，很多品牌商在融合线上线下时仍是举步维艰。那么，TATA 的选择是什么呢？

2011 年，淘宝商城（即现在的天猫）已经独立出来，平台方跟 TATA 方进行了沟通，希望 TATA 入驻。吴晨曦也觉得该试试新的玩法，于是在当年年底，TATA 第三次成立电商部门，并在 2012 年 2 月正式上线 TATA 天猫旗舰店。

TATA 做的是木门定制，不是标品，所以天猫店模式是：客户在天猫店里选好门后，按标价下单，然后跟在线客服沟通，预约上门测量设计，或者预约到最近的线下门店看货体验。客服会将客户的相关信息输入 TATA 的 CRM 系统，系统再自动匹配到客户所在城市的经销商和门店，然后经销商会联系客户，确认上门测量时间或到店体验时间。设计师上门测量并设计出效果图，经客户确认后，双方签订订购合同，然后客户通过天猫 POS 机，支付最终价格与线上订单价格的差额。最后达成的订购合同，会通过 TATA 的 ERP 系统分配到生产工厂，一般 21 天后，木门成品会送抵经销商的仓库，经销商再联系客户上门安装。

从这个过程可以看出，TATA 进驻天猫以后，一开始做的就是线上线下融合，也就是 O2O。这里就回到了前面提到的 TATA 的选择：全都自己做，还是给经销商利益？事实上，在 TATA 决定入驻天猫后，经销商中间就传出来一些话，说公司开始做电商了，鸡蛋不能装在一个篮

子里，得赶紧想办法，考虑做些其他品牌。这也使得
TATA 必须做出选择。

"上天猫后第一年，我们全部功夫都放在了线下。我
们必须正视经销商的利益问题。"孟祥雷说。TATA 确定
了一系列经销商政策。第一，将家居建材行业的经销合同
从一年一签，改成三年一签；第二，不抛弃不放弃，把经
销商视为 TATA 的家人，各个城市的经销商改称城市经
理；第三，天猫旗舰店只做运营，所有运营费用由 TATA
承担，线上全部订单自动分配给城市分公司，TATA 不收
取任何佣金。经销商按批发价从 TATA 进货，批发价与零
售价之间的差额就是经销商的利润。

"吴总跟孟总是非常明智的。他们从一开始就想明白
了，纯粹服务于线下经销商，不跟他们争利，公司只赚批
发利润。这一决策是 TATA 实现持续增长的关键。"电商
总监周海云说道。

TATA 的"慷慨"赢得了经销商的极大信任，也收获
了经销商的鼎力回馈。杭州城市经理奚志国道出了自己的
肺腑之言："我们的总部是非常开放的，他们考虑让经销
商利益最大化。有的品牌不一样，线上卖了单子转给你
后，你要支付佣金，因为他们花钱了。TATA 不是这样，
总部还贴钱。TATA 在线上做一系列活动可能花几千万

元，这个钱都是公司付的。公司把订单免费给我们，我们当然愿意跟着他们干。所以，整个公司拧成了一股绳，还有什么干不好的，肯定能干好。"

TATA 在 2016 年之前没有招商部门，也从来没有对外招过商。因为 TATA 的经销商不是自己找上门的，就是现有经销商推荐来的。比如，有个经销商原来是其他品牌木门的经销商，他在展会上看到 TATA 木门后，就做了 TATA 的经销商。后来，他把原来那个品牌的另一个经销商也拉过来，加入了 TATA 的阵营。后来的那个经销商更厉害，他把那个品牌的厂长也"拐"来了，做了 TATA 的经销商。有的经销商，自己做好了，就发动亲戚朋友一起开 TATA 的店；还有的经销商让自己的员工出去到另一个城市开店，做 TATA 的经销商。

"其他公司可能不允许亲戚朋友一起来开店，员工出去开店也不允许。但我们不一样，我们还鼓励。如果某个城市有很多人想做经销商，现有经销商的亲戚朋友和员工拥有优先权。"孟祥雷说。

线上线下的融合，除了需要解决经销商的利益，还会面临两个冲突，那就是产品和价格。TATA 在产品方面不存在什么问题，因为线上本来就是为线下服务，为线下拉订单的，如果产品不一致，反而会影响客户的体验。

在价格方面，TATA 从 2014 年开始实行线上线下同款同价，这在当时木门行业内也是前所未有的，但实际操作中还会出现一些冲突。因为线上营销活动多，参加活动的产品价格可能会比线下低，这样一来，经销商的差额利润就会受到影响。为了减少经销商的利润损失，TATA 往往会把活动产品的批发价也降低一些，甚至直接给经销商补贴，以弥补他们的差额利润。

从 2012 年入驻天猫开始，TATA 电商收入每年都在大幅增长，2017 年"双 11"更是一举拿下木门品类、建材品类、定制品类、装修品类四个第一。

新零售：木门行业的大机会

TATA 已经做到了木门行业的第一，不需要"弯道超车"了。那么，TATA 渴望拥抱新零售，率先与阿里巴巴展开新零售合作的动力来自哪里呢？

一直在家居建材行业摸爬滚打的孟祥雷，道出了这个行业的最大痛点。在中国，家居建材行业很大，2014 年已超过 4 万亿元，但品牌都很小，大量品牌的产值在 2 亿～3 亿，达到 20 亿～30 亿的品牌没几个，过百亿的更少。为什么会这样？

孟祥雷表示，家居建材行业之所以陷入这种尴尬的现状，最主要的原因是渠道受到限制。他拿家居建材跟电器做比较："我们只有在建材城可以开店，不像电器，哪儿都可以卖，超市、百货、电器城都可以，所以电器行业出现了好几个过千亿的品牌。"他从一篇报道中了解到，某电器品牌有 3 万多家店铺，跟它的销售额对比一下，单店业绩跟 TATA 差不多。要是 TATA 有那么多店铺，也能做出这样的销售额。但 TATA 开不了那么多店，因为没有那么多渠道可以开店。

截至目前，除了国内的西藏和港澳台地区，TATA 已在其他省份都开了店，并且几乎覆盖了所有地级城市，还下沉到了数百个县级城市。TATA 的门店都在当地主要的建材城里，由于一个城市的建材城数量有限，TATA 经销商甚至在一个建材城里开了多家店。

比如，有一个建材城分给木门品类的店铺位置有 12 个，当地的 TATA 经销商一口气占了 6 个，开了 5 家店。"幸好，在所有的木门店铺里，我们 5 家店的总销售额占了大头，要不然占了一半位置，销售额还不到一半的话，多丢人。"孟祥雷大笑着说道。虽然销售数字喜人，但渠道的捉襟见肘可见一斑。

孟祥雷认为，新零售的出现给家居建材行业带来了希望和未来。"在天猫整个家居建材类目中，我们做新零售应该是靠前的。我们为什么全力以赴做这件事，想来想去就一个动力——家居建材行业的现状。我们不甘心做十亿、百亿就止步，我们也有千亿梦想。新零售是个新的东西，我们谁都没看到过，可能会有很多困难，但在梦想面前，再大的困难也不是困难。"孟祥雷的话清晰传达了TATA做新零售的决心。

那么，新零售到底怎么给家居建材行业带来希望？或者更具体地说，新零售怎么能够突破孟祥雷所说的"渠道限制"？

关键就在于智慧门店。这是TATA新零售目前主要的落地形式。刚开始，TATA智慧门店基本上都是新开的，面积在100平方米左右，远小于开在建材城里的数百平方米甚至上千平方米的大店。而且，TATA智慧门店都是社区店，开在大型社区附近，客户一出家门就能体验。

TATA的首家智慧门店就在阿里巴巴的大本营杭州，2017年9月正式开业。到2018年年底，TATA智慧门店已有360家，其中新开120家，改造240家。按照计划，到2019年年底，TATA智能门店能达到600家。看来，孟祥雷说的"渠道限制"真的要被突破了。

我们不妨回过头来看看TATA的智慧门店到底智慧在

哪里？它何以能够开在社区，并且店面这么小？智慧门店的快速铺开，会不会给经销商带来开店成本和运营费用的激增？

智慧四条线。"智慧门店的智慧化主要体现在跟客户的沟通和互动上。目前，我们主要做了四条线，后面还会不断探索新的技术方案，提升客户体验，提高客户转化率。"孟祥雷说。

智慧门店的第一条线是**扫码**。在 TATA 的传统门店，每樘门的边上都贴有一个价签，上面标有价格。客户进店后，可能先看到门，觉得还不错，然后看一眼价格。TATA 木门的价格属于中上，一般单价在 3 000 元以上。客户看到价格后，如果嫌贵，通常会有两种反应：一种是快速地在门店里转一圈，随便看看，然后离去；另一种是直接调头离去。无论是哪一种，对 TATA 来说，都失去了两个机会，一个是不知道哪些门是客户喜欢的，另一个是没有留下客户的任何信息。

通过扫码，就可以弥补这两点。在智慧门店，每樘门的边上都有一个价签，但上面标示的不是价格，而是一个二维码。客户想知道一樘门的价格，只能用手机扫二维码，问门店导购都不行，因为她也不知道今天线上是不是有活动。客户扫了码，进入天猫旗舰店，才会知道实时的最新价格。而客户一扫码，就留下了他的信息。在传统门店，导购可能得追着客户要联系方式，追得紧了还不行，怕客户反感。TATA 做过调查，进门店的 10 个客户中，有 2 个能留下电话号码就不错了。

扫码还有一个好处是，客户不会每樘门都扫，一般只扫自己喜欢的，这样一来，TATA 就能知道客户喜欢什么，对门店铺货、陈列，以及后端的产品研发都会有帮助。

后来，TATA 对扫码进行了升级，用电子价签取代了纸质价签。除了显示二维码，电子价签还能跟天猫旗舰店同步，实时显示这款门在网店的销量、客户评价等。这样做，可以提升用户对产品的深层次感受，从而提高成交率。

第二条线叫**云店**。我们知道，线下门店的面积总是有限的，加上实体产品的直接展示，门店能够容纳的产品数量很少。TATA 传统门店面积多在数百平方米，少量旗舰店虽可达到上千平方米，但能够展示的木门最多就几十樘。智慧门店只有 100 平方米左右，如果按传统方式布置，能够容纳的产品会更少，客户体验从何谈起。

为了解决这个问题，TATA 希望在门店建立云店，让面积有限的智慧门店能够拥有无限的展示空间。刚开始跟阿里巴巴合作云店的时候，想到的方案是客户通过门店的触摸屏直接登录到天猫旗舰店，在天猫店里浏览TATA的所有产品。但是孟祥雷觉得，"客户在门店看到的是实体产品，上天猫店只能看图片，体验感反而下降了。而且，天猫店都是货架式展示，客户很难感觉到TATA木门的价值"。那么，能不能让客户进入云店后，看到的不是产品图片，也不是货架式展示，而是家里装修后的3D实景？

TATA找到了智能家装设计服务商酷家乐，让他们根据TATA美式、欧式、简约、田园等不同产品风格，设计出3D的全屋装修实景，客户进入云店，就像走进自己的家，可以推开各个房间的门进去看。TATA云店不仅可以实景体验，还可以点击购买。现在，进入TATA云店有两种途径。一种是借助智慧门店的触摸屏。客户在触摸屏上浏览不同风格的装修实景，看到中意的木门，可以直接点击加购。体验结束，云店购物车会自动生成二维码，客户用手机扫码，云店购物车里的产品就会同步到客户的天猫购物车。另一种是客户用手机淘宝扫一扫触摸屏上的云店二维码，直接在自己的手机上浏览云店，点击看中的木门，就可以直接放进购物车中。

云店的场景式展示，无疑会提升客户的体验，更容易促动客户进行购买。同扫码一样，客户在体验云店的过程中，只要用手机扫了码，TATA 就采集了客户的数据。而客户的加购行为也反映了客户喜爱哪些产品。

第三条线是 **VR**。"VR 技术在家居行业是应用比较早的，但更多的是为了酷炫，吸引顾客进店。而我们希望能够解决购买问题。"孟祥雷说。

于是，TATA 跟 VR 公司沟通，能不能做到所见即所得，客户看到什么就可以买回家。要做到这一点，需要一个产品交易平台跟 VR 对接，而最合适的平台非天猫莫属了。就这样，TATA、VR 公司、酷家乐和天猫进行了合作。客户在 VR 设备里看到的就是云店里的实景展示，后面对接天猫平台。客户看中哪樘门，用 VR 枪点击加购，体验完成后，扫码同步到客户的天猫购物车。"在这之前，整个家居行业的 VR 都在干虚拟的。现在，我们等于让虚拟落了地，变成了现实。"孟祥雷说。

对于云店和 VR，TATA 还有一个新创意——跨界合作。既然云店和 VR 展示的是家居实景，里面就能放其他品牌的产品，像沙发、花瓶，甚至电器。既然木门可以点击加购，其他产品也一定可以，只要后面连接不同品牌的天猫店就行。此前，TATA 曾联系了 12 家不同品类的家居建材商，加入这个 VR 系统，并准备做一场大活动，现场摆几十台 VR，各个品牌的客户都可以体验，直接选购。

此外，TATA 还在做另一件事——跟房产中介合作，把当地城市的新楼盘房型导入实景图库。TATA 智慧门店主要布局在大型社区，尤其是在新开楼盘附近。如果社区里的客户到店体验时，在云店或 VR 里能看到自己家房型的装修实景，便会有身临其境的感觉。看着欧式、美式、简约等不同风格的实景，客户下单的"冲动"一定会有。

最后一条线是**人脸识别**。利用门店安装的摄像头，可以对进店的顾客进行人脸识别。此举能够帮助门店进行店面管理。以前，每天有多少客户进店，可能得靠店长有心去统计。有了人脸识别，不仅可以知道每天、每月有多少客户进店，还能知道同一个客户进店几次后成交。

现在，TATA 智慧门店的装修成本在每平方米 2 500 ~ 2 800 元。但是，孟祥雷相信，随着整个新零售环境的成熟，软硬件成本肯定会降下来。而且，TATA 智慧门店采用的是模块化装修，当店铺需要搬迁时还可以重复利用。况且，智慧门店开在社区街边，面积小，租金远远低于建材城的大店。另外，相比传统大店一般需要 20 多人，智慧门店因为智能化和自助化，只需 2 ~ 3 人就够了，人工成本大大降低。

相比传统门店，TATA 的智慧门店效果如何呢？据杭州城市经理奚志国介绍，开业半年多，100 多平方米智慧门店的客流量，已经能够跟 500 平方米的传统大店持平。智慧门店的订单成交率达到 35.7%，接近传统门店38% ~ 40% 的订单成交率。到 2018 年年底，他已经把杭州 11 家传统门店中的 9 家改造成了智慧门店，并计划在2019 年新开 10 家智慧门店。

提高运营效率。"在家居建材行业，有两个东西最重要。一个是客户信息，也就是我的客户在哪里，这里面包括新客、老客还有潜客；另一个是门店，也就是我的渠道如何承载这些客户。所以，我们要做的是，一方面触达更多的客户，另一方面更好地将客户信息与门店串联起来，让门店更有效地服务新客，激活老客，提高潜客的转化率。"TATA 新零售负责人徐晨伟说。

TATA 计划到 2019 年年底智慧门店数量能达到 600家，这无疑让 TATA 可以突破原有的渠道限制，迅速广泛地触达更多的客户。有了更多客户，TATA 还得把客户信息与门店顺畅地连在一起，提高门店的承载能力和运营效率。而这个工作，TATA 已经在同步推进了。

徐晨伟说，TATA 正在针对三类客群，梳理和建立标准化的业务流。"在目前阶段，我们主要处理新客信息。之前，TATA 的新客信息都是通过 CRM 系统流转给门店的，但这个系统不是动态的，也不完善。我们希望升级这个系统，重新梳理业务流程，用标准化的动作告诉门店导购每天需要做什么事，有多少新客需要打电话邀约到门店，有多少需要打电话确认上门测量等。这样，导购的个人能力差异就可以被克服，门店的运营效率将会大大提高，智慧门店靠两三名导购就可以完成传统门店 20 多人的工作。"新客的业务流系统在 2018 年年底已经建立，这个系统搭建起来后，老客的业务流也就有了。而潜客的业务流，可能需要等到新客、老客业务流建立之后再来梳理。

潜客之所以留到最后处理，徐晨伟认为：一方面是新客资源还没得到充分挖掘，TATA 的主要精力可以先放在新客上；另一方面，由于之前缺少线下客户数据，TATA 的客户画像并不全面，潜客的甄别就会失真。事实上，因为客户画像不全面，TATA 的线上客单价曾遭遇持续下滑。

"很多品牌做电商都有一个误区，认为在线上掌握了自己的客户画像。说实话，那个客户画像是假的。这两年，我们线上客单价在降低，从最早的一万二、一万，到八千、六千，最后只有五千了。我总想不通这个问题，中国在发展，老百姓越来越有钱，为什么我们的客单价越来越低。智慧门店的扫码上线后，我知道了原因。我们线上的活动多，吸引了不少低端人群，导致客户画像偏低端。越按这个画像进行营销投放，吸引的人群就越低端。后来，我们把线下扫码采集的客户数据，跟阿里大数据进行交互，客户画像就准确多了。现在，我们的客单价开始有所回升了。"孟祥雷讲述道。

TATA 是一家人

可以发现，TATA 新零售落地非常快，而且一上来就做智慧门店。很多品牌商或零售商也在探索新零售，也在做智慧门店，但是它们改造的智慧门店往往都是直营店。为什么？因为无法权衡经销商的利益。

那 TATA 呢？它的经营模式几乎完全是批发经销，它的智慧门店为何能如此迅速地落地？更奇怪的是，TATA 做智慧门店，非但没有受到任何经销商的反对和阻挠，很多经销商还自己先开了。对此，孟祥雷既无奈又欣喜："公司其实还在摸索，在找方法，所以拦着城市经理先不要开店。可是，不少城市已经在偷偷做了，找好了店址，也装修好了，先按照原来的方法卖，等公司一声令下，说可以新零售了，就马上转。"

　　TATA 的经销商为何如此"反常"？难道他们不先考虑自己的利益？说对了，确实是这样。TATA 的经销商不用只顾着自己的利益，因为 TATA 会替他们考虑得更周全。这就是 TATA 的文化——家人文化。

　　在三天的访谈中，几乎每一位受访者都不止一次地提到 TATA 的家人文化。

　　"我们有一些老的经销商，经营不好，年龄也大了，但是我们有家人文化，不能换掉他们。我们就做股份化调整，给他们留一定股份，变成投资人，然后由公司派人经营，这个城市分公司就变成股份化直营公司。"

　　"很多人问我，十几个部门，而且规模都不小，怎么协调。其实，我从来没有觉得协调难，这跟家人文化有直接的关系。而且，我们的员工都是老员工，沟通起来不存在问题。"

　　"在 TATA，我们从来不会轻易解除劳动合同，但有三条红线不能碰。第一，不允许打架。我们 TATA 有家人文化，要求你在家里是不能随便动手动脚的。第二，不允许赌博。第三，不可以贪污、行贿、受贿。"

　　"我们 TATA 是一家人，我们的经销商叫城市经理，他们也有员工编号，也是 TATA 的员工。"

"TATA 的家人文化非常好，新员工来了就不愿意走，所以，关键是怎么让他们先加入我们的公司。"

……

2018 年，TATA 还做了一件事，给每个经销商增加一块资产——数据资产。数据的采集和运营是新零售的核心。在许多企业看来，虽然数据是在门店采集的，但这些数据的所有权应该属于企业，而不是经销商。然而在TATA 看来，门店数据的沉淀和运营都是由经销商来完成的，"我们必须承认经销商所发挥的作用和价值，而且这样做，他们更会积极参与新零售，参与智慧门店的落地和改造"，孟祥雷说。

所以，TATA 跟阿里巴巴沟通，希望阿里巴巴的数据银行能够给每个经销商开放一个独立的端口，让每个经销商都有自己的数据银行来沉淀数据。这些数据将成为经销商的资产，如果哪天经销商解甲归田，数据资产跟门店硬件资产一样，也作价核算。

"刚开始有这个想法的时候，我们跟一些公司谈起来，他们都说这是实实在在的钱，是公司实实在在的利益，你们这样做是不是太不值了。我说一定值。你往五年、十年以后想，它就值。你要只想着眼前，一定不值。"孟祥雷说。

在 TATA，还有一个现象可能是很多企业不主张，甚至明令禁止的，那就是员工谈恋爱，或者夫妻俩都在公司工作。TATA 不仅不反对，还鼓励。原来公司里女孩多，男孩少，后来人事部门在招聘时，有意识地多招些男孩，让男女员工比例差不多为 1:1。人力资源总监刘威解释说："我们绝大部分员工都住在生产园区里，工作和生活不一定分得开，这样就没有额外的交际圈。所以，我们鼓励单身员工恋爱、结婚、买房子、生孩子。公司员工中有很多都是夫妻档。"

虽然公司鼓励员工把家安在 TATA，但这并不包括创始人吴晨曦和纵瑞原。从创立 TATA 开始，他们就定下了一条铁律：不允许自己的直系亲属在公司任职。

TATA 是一家人。在吴晨曦眼里，作为家长的自己当然不能打小算盘算计家人。在员工眼里，这位大家长根本不像生意人。孟祥雷发自肺腑地说道："他是奔着事业去的，不是奔着赚多少钱去的。他做的好多事情都不符合商业利益。比如，先让经销商赚到钱；每年拿出几千万元借给经销商周转用，不用付利息；把公司现金存在银行里，还存定期，连个保本理财都不做。拼搏这么多年，他还坐着一辆'破'捷龙，住的也是正常的居室房子，并且只有一套。他跟我们一样领工资过日子，多少年没有分过红。正因为他把利益看得很淡，所以他做很多决策都很纯粹，很容易，不纠结。"

※　※　※

在吴晨曦看来，新零售很"简单"，就三条。第一，消费最简单。只有消费者能用最方便的方法买到高性价比的产品，体验到满意的服务，新零售才算好。第二，利益无障碍。当大家都在封锁自己的利益，不让利益惠及他人的时候，零售就不新。第三，销量最大化。如果做新零售，产品销量没增长，商家没有得到好处，新零售还有意义吗？

或许，这就是新零售最本质的东西。有了这三条，TATA 的新零售就算刚起步，还不清楚这条路会有多长多宽，但是这条路必定走得正确。[⊖]

TATA 八则——TATA 人的做事准则

做更好的门，给更多的人用。

⊖　本案例为《商业评论》"新零售 100 案例库"第 003 号。

165

员工第一，全国 TATA 一家人。

我们是 TATA，我们正青春。

快乐的工作，快乐的生活。

我们的任务是学习，工作只是练习题。

摒私欲，为他人，自强不息。

相信专注的力量，相信相信的力量。

让结果与你有关。

"家人文化"是一把双刃剑

忻　榕[一]

在中国，木门定制是一个既年轻又传统的行业。说它年轻，是因为这个行业最初并不成规模，真正成为一个行业是近二十年的事情；说它传统，是因为它属于制造业，无论制造工艺还是发展模式，都比较传统。作为行业里的头部企业，TATA 木门的成长经历具有一定的行业代表性。读完 TATA 木门这个案例，我有几点感受比较深刻。

第一，创新意识非常强。从案例上，我们可以看到，它的创新其实都是围绕客户体验来考虑的。当然，创新是需要环境和土壤的，而 TATA 木门的创始人团队很难得地拥有这样的创新意识和心胸，为企业营造了这样的一个创

[一]　忻榕，《商业评论》总策划，中欧国际工商学院管理学教授，《商业评论》"新零售50人"成员。

新环境。所以，在企业不断发展的过程中，面对各种创新机遇时，创始人不会纠结于自身的利益，而是从利益相关者的角度思考问题。也就是说，他们并不是只想着怎么分蛋糕，而是想着如何将蛋糕做大，让经销商、员工和顾客都能获益。所以企业在创新发展的过程中，有很多人愿意加入，且很多都是熟人介绍的。

第二，学习能力非常强。作为一个传统行业，TATA 木门的成长经历与行业发展以及宏观经济环境是分不开的，他们经历过互联网的崛起、电商的成熟、移动互联时代的到来，以及现在的新零售。当然，他们也遇到过不少挑战，比如说第一次成立电商部门，因为经销商利益问题没有理清楚，最后只能解散电商部门。开了关，关了开，一个电商部门来来回回折腾好几次。但让人印象深刻的是，他们身上有一种积极主动的学习能力以及永不言败的乐观精神，他们总能从每一次教训中学到新的理念，避免在下一次的实践中犯同样的错误。

第三，家人文化有特色。作为一个看起来有点"土"的企业，TATA 木门的家人文化不是一开始就制定的，而是伴随着企业的发展慢慢"生长"出来的。把经销商当作自己的员工，并且把所有的员工当作家人，如此一来，员工才会把公司当家。在 TATA 木门，公司高管的直系亲属不允许在公司任职，但是经销商和员工可以推荐自己的亲戚朋友加盟，甚至还有优先权。所以，公司里熟人越来越多，家人文化自然而然就形成了。

不过，"家人文化"并不完美，有利有弊。"利"在人与人之间很容易通过"家人"这个杠杆建立起信任，效率会更高，沟通成本会更低。在工作中，他们更容易互相帮助，互相学习和互相交流。"弊"就是当员工的价值观与公司的价值观不一致时，很容易互相联手进行违规操作，从而给公司管理制造困难，这也是很多公司不太愿意让员工介绍熟人的原因。

那么，为什么TATA木门敢这么做？我认为背后有一个很重要的原因，那就是信任。TATA木门以开放的心态，给了员工和经销商在别的企业很难获得的利益和信任，因而经销商和员工也对公司忠诚。在案例中我们看到，TATA木门对经销商是公平的、信任的、不离不弃的。通常来说，这会激发一种正向的循环，公司越信任员工，员工对待客户和工作就会越尽心，公司的口碑会越来越好。

在行业里，经销商之间往往也会有自己的圈子，无论是好口碑还是坏口碑，都会在这个圈子里传播。与此同时，一旦某个经销商做了与公司价值观相违背的事情，也会在这个圈子里传开。所以，经销商自己的圈子文化，对他们行为的制约有时候比制度更为有效。

TATA木门现在还有一个"TATA八则"。据了解，这个八则不是公司制定的，而是员工们自发形成并总结的。第六条"我们是TATA，我们正青春"很值得讨论，它包含了两层含义，第一是指三个创始人创业时年纪很轻，当时他们都是二十岁出头的年轻人；第二是指TATA人的平均年龄很小，因为TATA木门一般不招聘超过35岁的新员工。可能从西方价值来看，这种规定有失公平，但从价值创造来看，这种人力资源战略和企业文化，可以助力TATA的业务模式和战略执行，从而为企业创造更多的价值。个人认为，TATA如果能够善待和公平地对待老员工，让他们在自己的岗位上发挥所长，这就是另外一种公平，也是一种特色。如此一来，TATA的"我们正青春"其实代表的是一种年轻人的心态，更是勇于创新，敢于尝试，不怕失败，愿意重来的精神。

因为TATA木门有了这样的一批人，所以我觉得他们的新零售很值得期待。我期待的并不是智慧门店数量要达到多少，而是看一些企业的关键性指标能否实现指数性增长。当然，要想实现指数性增长，有几个要素非常重要：一是要和阿里巴巴这样的平台合作，积累更多的客户行为数据；二是要通过数据分析，找到目标客户群体，在更合理的区域开出更多智慧社区店，并利用技术为客户提供更好的体验和服务；三是要着力布局云店，这一做法将大大节约人力成本，同时效率也会提高；四是要加强与经销商之间的连接，以小团队大平台的分子化管理模式，缩短智慧门店的推进周期，降低智慧门店的硬件成本；五是要建立可持续发展的人才培养模式，在为员工提供良好的职业发展通道的同时，也能让企业拥有源源不断的内生动力；六是可以尝试开展跨界的异业合作，譬如将家居、家电类的产品设置到场景里。

　　目前，家装木门行业和 TATA 木门都处于发展的阶段，但是市场却不会像过去十年那样快速地发展。因此，TATA 木门首先必须要警惕外部环境的影响。其次，还要关注的是，当经销商团队、市场的发展趋于平稳以后，年轻员工慢慢"老龄化"以后，如何保持企业持续的创新精神和活力。最后，当市场慢慢走向成熟，行业的毛利慢慢下降后，TATA 木门还要想清楚如何保证经销商的利益。

第五章

组织的重构

新零售不是业务层面的局部优化，而是公司层面的战略变革，需要企业重新塑造其组织能力。那么，如何形成组织共识？如何调整组织结构？如何形成新的激励机制？

林清轩：赶超国际大牌，底气何来

葛伟炜[⊖]

新零售时代到来，零售企业或惶恐，或迷茫，或好奇，或欣喜，新零售对零售企业究竟意味着什么？它是一波新的红利，还是真正的零售革命？不同企业会有自己的看法。然而，眼界决定境界，你对新零售的理解将决定你在这个时代能走多远。

> 毛笔字做招牌，
>
> 不求标新立异，
>
> 只为铸就百年民族品牌。

2003 年，在上海，孙来春用毛笔写下"林清轩"三

⊖ 葛伟炜，《商业评论》旗下新媒体"新零售商业评论"执行主编。

个字，并决定用这三个汉字作为自己创立的护肤品品牌名和品牌标志。如此"本土化"的品牌标识在当年人们极度崇尚洋品牌的中国市场几乎找不到立足之地。然而，16 年来，林清轩不仅在化妆品行业站稳了脚跟，更是将国际品牌雅诗兰黛视为学习榜样，力争 5 年内实现林清轩在中国市场 35 亿元的销售业绩。

行业乱象催生品牌梦

孙来春的第一份工作是在制药企业。看到不少医生为了多拿回扣，给病人开具价格高昂却非必需的药品，孙来春在良心上备受折磨，于是改行做护肤品。"护肤品行业与医药的关联度很高，很多设备、原料都是通用的，并且这个行业里没有人拿回扣，消费者都是心甘情愿购买。"他说。

然而，孙来春一进入这个行业就"非常后悔"。他毫不掩饰地说："当时去参加广州美博会（现"中国国际美博会"），看到有的品牌就是把知名品牌的字母顺序改一下；有的外包装从左边看是××兰黛，从右边看是××兰。"21 世纪初期的中国化妆品行业，因为缺少过硬的研发技术，几乎全行业都在模仿、跟风国际品牌，做一些功效概念。这些乱象使得行业整体层次偏低，山寨货甚至伪劣品横行。"在那次美博会上，我和我的大学同学看到一个模特身上挂着'快速美白、丰胸'的广告牌，我那同学就对我说：'这行业不行！'"孙来春当时拍着桌子告诉他的同学，将来一定要做出能和国际品牌并驾齐驱的中国品牌。"百年品牌，不山寨、不模仿！"孙来春说出这番话是在 2001 年。

说起创立中国品牌，孙来春还有一些民族情结在其中。有一年他与同事们去法国出差，护照被同行的女同事借去买各种各样的法国商品，"那一刻我的爱国之心被激发了，为什么中国这块土地上没有一个让老外疯买的产品！"回来之后，孙来春就用毛笔写了"林清轩"三个字，"就是想传递一个信号，这是中国品牌"。

在购物中心开直营店

林清轩品牌创立后，陆续推出几款改善青春痘、敏感肌的产品。因为对医药行业比较熟悉，孙来春自然而然地将这些偏药妆类产品送到药房里去卖。一开始靠在药房销售来维持研发和生产，就这样坚持了 5 年，一直到 2008 年在上海中山公园龙之梦购物中心开了第一家直营店。

在 21 世纪初，人们购买化妆品都是去百货商场，没有哪个化妆品品牌把店开在购物中心，可林清轩为何反其道而行？这是一个疑问。其二，林清轩从零开始，研发、生产各个环节都需要投入巨大资金，而回笼资金最快的方法就是加盟，孙来春何苦选择直营这种"耗时、操心又来钱慢"的方式呢？

购物中心，无奈之举。"不是我们想进购物中心，我们想进百货但进不去，没有办法。"孙来春坦言。那段时间，他跑遍了上海所有的百货商场。"没有一家愿意跟我谈，一听中国品牌都'免谈'。"孙来春回忆起那段经历时，唏嘘不已，"给我的印象太深刻了，那时候差点坐在马路边掉眼泪。有一家百货商场的工作人员建议我把'林清轩'三个汉字去掉，换上英文字母。我觉得那是一种侮辱。"

林清轩是国内最早进驻购物中心的护肤品牌之一，如今这样的方式已经得到业内公认。"大家都说化妆品进购物中心做单品牌店是未来的希望。我们已经在里面摸爬滚打了10年。"孙来春一句话将10年来的风雨经历轻描淡写地带过。可喜的是，由于林清轩在购物中心的不俗表现，陆续有百货商场邀请林清轩进驻。"我们反而非常谨慎，今年开店尽量控制在50家以内，害怕服务质量有问题"。

抵住诱惑，坚持直营。孙来春最欣赏的品牌是同仁堂和星巴克，他说自己在国外考察了一圈，发现能把品牌渊源流传下来的都是直营店。于是在创立林清轩之初，孙来春就决定不做加盟："当时的想法是不追求短期销量，把品牌调性、品质做得扎实一点。"

坚持直营，就意味着必须要经历漫长的积累过程，这期间孙来春抵挡了不少诱惑。2011 年，湖南的一个经销商提出直接打款 300 万元，做林清轩在长沙市场的独家代理。那正是孙来春发展运营缺钱的时候，林清轩在全国只有几十家门店。"300 万元相当于我们一两个月的营业额。"孙来春回忆，"我们得经得住诱惑，因为我们的出发点是要做一个百年品牌，如果松口做了加盟，万一做得不好或者不规范，就把品牌给糟蹋了。"再者，在孙来春看来，如果没有打造出成熟的品牌，就随便做个产品忽悠别人加盟，这么做事儿"不太对"。

从源头把控产品品质

林清轩的主打产品是山茶花润肤油。据孙来春介绍，第一代山茶花润肤油的研发用了两年时间，"因为茶油本身很油腻，要对它进行脱脂、脱蜡、提纯，还要进行配伍，慢慢就形成了我们自己的专利。"

采访时，生产与研发中心总经理高总带我们参观了林清轩的研发中心。其间，他向我们详细介绍了每一间实验室的用途以及研发流程，虽然我们对那些专业术语感到很陌生，但还是抓住了几个关键、有趣的信息：

这家年销售额 5 亿元的公司，聘请了 30 多位科学家进行产品研发；

林清轩严格按照欧盟标准进行实验，采用目前国际先进的鸡蛋胚胎膜⊖进行过敏测试；

通常，化妆品企业的研发工作是从配方开始的，林清轩的研发则提前到了植物提取，也就是从研究原料的成分、性状、功效开始的；

林清轩按照制药的 GMP 标准（药品生产质量管理规范）⊖进行生产，"车间里的墙角都是倒圆角，挂不住灰尘"。

为了确保原料品质，林清轩自建 8 000 多亩农场种植山茶花树，自己提取茶籽油，自己加工。在浙江省安吉县林清轩的农场里，种植着很多山茶花树苗。据介绍，这是

⊖ 鸡蛋发育 7 天后的胚胎膜，已经形成了微循环系统，但没有神经系统，不会感到疼痛。——编者注

⊖ GMP 标准（Good Manufacturing Practice，药品生产质量管理规范）是为保证药品在规定的质量下持续生产的体系，包含方方面面的要求，从厂房到地面、设备、人员和培训、卫生、空气和水的纯化、生产和文件。——编者注

林清轩与中国林业科学院合作的育苗基地，目的是培育出高品质的山茶花树苗，未来能通过细胞培植法栽种到更多农场去。

事实上，林清轩的农场所提供的茶籽原料足够目前生产所需，但是林清轩依然在选择合适的农林场合作种植山茶树，因为孙来春对未来看得更长远："我们要建更大的厂房和国家级实验室，承接一些国家科研项目，这件事必须走在行业的前面。林清轩每卖出 7 瓶山茶花润肤油，就需要一棵 10 年左右树龄的山茶花树。我相信有一天，林清轩成为国际品牌，卖出更多山茶花润肤油的时候，我们种植的山茶树漫山遍野开着红花，这个景象我想想都觉得很美！"

从定位到定位升级

对标国际化妆品品牌，光有雄心、高品质的产品和直营店铺还不够，林清轩需要找到不同于其他品牌的差异化产品，聚焦差异点进行战略、资源等各方面的配称。

"我们想找一款林清轩独有的产品，结果意外发现了山茶花润肤油。"孙来春说。在不做广告、不做公关的情况下，山茶花润肤油获得了近 95% 的好评率，"这款产品上市后，我们就放在店里自然销售，结果发现它的销量持续增长，好评率非常高。我们的第一代润肤油的售价挺高的，377 元，因为提取过程非常难，原料也很珍贵、稀有。"

2016 年，林清轩进行了第一次品牌定位，聚焦于山茶花润肤油。很快，林清轩对润肤油进行了一次配方升级，没想到，二代油又为林清轩带来了一个意外发现。"消费者都反馈说用了之后皮肤滑滑嫩嫩的、锁水、保湿、上妆不卡粉等。其实这些都是山茶花润肤油的附带效果，主要功效是对肌肤的修复。我们之前聚焦在山茶花润肤油，并没有说明白它的功效。"于是，2018 年，林清轩的品牌定位升级为"山茶花焕肤修复专家"。

根据品牌定位，林清轩在产品、营销、市场、品牌等各方面都围绕"修复"进行了配称。

如今，新零售来了，孙来春更是将它当成了助力林清轩赶超国际大牌的利剑，"我们有明确的战略定位，有非常好的科研基础，现在又有了新零售的各种工具、举措，可以赋能店员，帮他们提高效率，快速跟消费者建立高效沟通。这样，林清轩就有机会赶超国际大牌。所以我格外重视新零售。"

数据授权，

打通利益，

拔掉卡在新零售咽喉的"鱼刺"。

孙来春对新零售的关注始于 2013 年。那一年，林清轩在天猫开了旗舰店。"我的初衷是要做全渠道。每周三我会拉着电商、线下、市场、CRM（客户关系管理系统）、创意企划开会，研究怎么打通线上线下。这是公司第一个跨部门协同作战的虚拟单位，叫 O2O 部门。这个部门一直都是由我来领导。"孙来春说。

然而，光是重视新零售，还不足以将新零售的各项举措落地推行，孙来春面临着横亘在所有零售企业与新零售之间的两个巨大障碍。

谁来领导新零售？

为了顺利推行新零售，林清轩在 2017 年成立了新零售部，"双 11"之后，空降兵王总正式出任新零售部总监。孙来春对新零售部进行了定位："新零售部是一个研究性部门，主要研究怎么干、谁来执行，然后组织跨部门团队落地执行。"王总研究完直接向孙来春汇报。听上去，新零售部是个权力极大的部门，但在孙来春看来还不够——一个新成立的部门，负责人又是空降兵，大家凭什么要听他的？

2017 年"双 11"，虽然林清轩有 10 家线下门店试点了天猫的智慧门店项目，取得了很好的业绩，但是线下门店对新零售依然心存疑虑"这些业绩是促销活动本身带来的，还是真正体现了新零售的威力呢？"单凭"双 11"的活动数据还不足以说明白。"我们需要结合企业运营的所有数据，进行全盘分析，并对未来做出有数据支持的、具有说服力的预测，这样线下才能心甘情愿地配合推进新零售。"王总说。

正是看到来自线下的质疑和困惑，2017 年"双 12"之后，孙来春将 CRM 部门划归新零售部，让王总能够"挟数据以令诸侯"。"不论是线上还是线下，要取得好业绩就得靠数据，现在新零售部有了数据，制订的方案都是基于数据思考的"。至此，在林清轩内部出现了一张跨部门协作的"超人图"，用孙来春的话来解读，就是"新零售部头顶市场部，左手握着电商，右手握着线下销售，脚踩着信息部和新媒体部，关键部位放着 CRM"。

将最关键的数据部门给了新零售，足见孙来春对新零售的重视程度，这也让公司上下都意识到了新零售的重要性。如此一来，新零售部在公司里开展工作就顺利多了。以运营阿里巴巴的"品牌号"为例，林清轩将它看成是一个全域的阵营。在品牌号里，有购买的部分，有内容营销的部分，因为能对消费者进行精准分析，文字内容就更有针对性，所以这个品牌号其实是需要市场部、销售部、电商、新媒体等所有部门参与、共同运营的一个平台。在过去，这项工作交给线上线下哪个部门都不合适。

手握数据大权的王总是这样推行品牌号运营工作的："首先，我在公司的领导层组织启动会，告诉大家需要以项目的方式来运营品牌号。然后，组织各个部门的相关人员参与进来。我先把它做成一个项目组，不断完善品牌号的运营，成熟的时候可能会成立专门的部门来负责品牌号运营。"也就是说，在这个过程中，新零售部从一个项目的组织方，变成运营的交接方，最后又变成结果的监督方。

既然孙来春将新零售看成是赶超国际品牌的"利剑"，为何会选择一位空降兵来主持如此重要的工作呢？对于什么样的人才适合负责新零售，孙来春有自己独到的看法："这个人要会做项目，最好是学数学或化学的理科生，懂不懂 IT 不重要，但必须是具有极强理性的人，因为数据是没有感情的，一是一，二是二。"此外，孙来春还罗列了几个"不用"：做过电商的不用、纯做线下的不用、公司的内部员工不用。

现实中有不少企业会指派原来负责电商的人去领导新零售，这在孙来春看来有点可笑："这个人可能连系统集成接入、CRM 都搞不明白，并且线上线下本来就有矛盾，要推行新零售，那是旧皮囊装新酒，时间长了皮囊会裂！"

线上线下矛盾重重，怎么破？

自从电商出现后，线上线下始终处在矛盾的对立面，尤其是线下导购，但凡有机会就在顾客面前"诋毁"线上旗舰店，卖的全是假货。如此的"恨之入骨"其实也在情理之中。线上销售带给消费者的是购物的便利性，随时、随地，还不用自己背回家。于是，线下店铺成了消费者看货、体验的场所，等导购热情地介绍完产品性能、使用方法后，消费者掏出手机，直接在线上购买。这样的结果，让白忙活的导购情何以堪？

"谁付出谁受益，这是天经地义的。导购辛苦付出，最终的收获却被电商'打劫'了，这不公平。"孙来春很严肃地说。林清轩曾经做过一个调研，从会员数据中抽取1 000 位只在天猫旗舰店购买产品的纯线上消费者，想尽一切办法将他们导流到线下门店，最终有 200 位消费者去店里体验了，不论他们最终在店里是否购买了产品，这 200 位消费者再次回到线上购买时，他们的客单价比过去增加了一倍。在这个过程中，线下导购功不可没，然而在现有利益分配的体系下，线上的销售业绩与导购没有半点关系！

如何确保线下导购的利益？与电商绝缘，这根本就不现实。互联网科技的飞速发展代表的是新生产力的崛起，这让线下实体经济不舒服，让导购不舒服。"太正常不过了。线下要抵抗，拿门栓顶着不让坦克进来，那不现实。还不如敞开大门，把坦克迎进来，变成武装自己的工具。"孙来春说。

2018 年 3 月 8 日，林清轩开始新一轮"手机淘宝（以下简称'手淘'）＋钉钉"的测试——让线下导购引导进店的消费者手机扫码成为林清轩品牌号的粉丝，同时形成导购与消费者之间的唯一绑定关系。如果在利益层面，不能给导购相应的激励，所谓的绑定关系就形同虚设，导购更不会心甘情愿地照做。于是，在林清轩高管层激起了有关线上线下利益分成的激烈讨论，"我们内部吵了一个星期，四六分、五五分，谁也说服不了谁"。3 月 7 日，孙来春拍板决定，顾客如果在线上购买了林清轩的产品，与其绑定关系的导购和电商客服一样，均可拿到100%的提成。

林清轩预计2018年线上销售额会达到1亿元，平均8%的提成。孙来春做出的这个决定，意味着林清轩将投入近千万元的提成。"我们一跺脚、一咬牙，做！"孙来春说这话时表现得无比坚定。

"这是你'拍脑袋'的决定吗？万一亏了怎么办？"上千万元毕竟不是个小数目，我们好奇地问孙来春。

"有可能白搭1 000万元，这个风险是有的，所以投资有风险，入市要谨慎。"孙来春满脸严肃地跟我们开了个玩笑，随即又说："我是基于对未来的判断，因为新零售对消费者、对导购、对品牌、对平台都有好处。我们是因为相信而看见，不是看见结果了才相信。"孙来春指着办公室墙上挂着的一幅字，那是《圣经》哥林多前书第十三章中的一段话：凡事包容，凡事相信，凡事盼望，凡事忍耐。孙来春说，这四个"凡事"正是林清轩对新零售的态度"凡事包容是指可以犯错，可以亏钱，这些都可以包容；凡事相信，是林清轩的企业文化之一，是要相信新零售能给店铺、导购赋能，这一定是对的，至于亏没亏钱不去管，先做；凡事盼望是期待有一天导购能告诉顾客'愿意在哪里买就在哪里买'，期待消费者为品质和服务买单；凡事忍耐，万一这1 000万元投出去没有用，没关系，因为这些实践让消费者的感受变好了，也是给品牌做了广告，这是好事。"

上天入地，

十八般武艺齐上阵，

步步重构人货场。

林清轩很早就已经着手为推行新零售做准备了。

超前的中台系统

最初，林清轩的线下导购会将顾客的相关信息记在小本子上，然后逐个给客户打电话做营销。后来店多了，顾客也越来越多，"人工跟不过来，我们就自己做了一个CRM 软件，管理数据"。

2014 年，为了推进全渠道数字化运营，林清轩成立了信息部，自己开发基于 O2O 各种场景的软件。孙来春告诉我们："信息部人最多的时候有 65 个人，我们在 IT 上累计投入了 5 000 多万元，比公司的利润都多。"

在与阿里巴巴合作新零售之前，林清轩就已经在着手搭建自己的中台系统，为迎接新零售做准备了。信息部总监范总将林清轩的中台系统比作上海的虹桥枢纽，过去我们从上海去外地，要去不同的地点坐火车、乘飞机。现在，火车站和飞机场被集中在虹桥枢纽，我们只需要到达这里，就可以选择不同的交通工具，既节省了时间，速度也更快了。也就是说，中台系统进行的是及时、密集的资料交换工作，当顾客下了一个订单后，中台系统可以快速判断如何减掉相应的库存数量、如何把会员资料以秒级单位反馈到 CRM 系统、如何选择最近的线下发货门店等。

以"线上下单、门店发货"为例，林清轩设有独立的电商仓，线下则有上海总仓和东北、华中两个区域仓。目前，线上的订单只能由电商仓或上海总仓发货，一旦中台系统搭建完成，林清轩在全国的 400 多家门店就都成了一个个小仓，可以为就近的订单地址安排发货。

初试新零售，旗开得胜

2017 年"双 11"，林清轩选出 10 家线下门店试验天猫智慧门店项目。那时候林清轩还没有打通线上线下利益，线下始终手握"利剑"直指线上。"那次开会，线下各省总监不理解智慧门店的意义，质问电商经理'你到底是什么意思？不就是想把我们的流量引到天猫上去吗？'"孙来春回忆，"我就在一边看，也不讲话，就想看

看他们能吵成什么样。"最后会议达成协议，线下拿出 10
家店做试点。而结果让所有线下门店惊讶不已：做得最好
的一家智慧门店的销售额同比增长了 5 倍。

同比 2016 年"双 11"，2017 年"双 11"期间，林清
轩 10 家智慧门店平均新增用户 340%，老顾客回购率增
长 115%，客单价增长 53%，销售额增长 330%，更是创
下了 16 天新增 80 万粉丝（最多一天带来了 10 万粉丝）
的历史纪录。而林清轩天猫旗舰店从 2013 年成立到 2017
年的 4 年间，总共才累积了 41.3 万粉丝。"仅用了新零售
的一个策略，增长的粉丝数量就比过去 4 年多 1 倍。"孙
来春对比道。

2017 年"双 12"，林清轩共有 200 多家门店参与了
智慧门店项目，当天销售额超过 1 000 万元，业绩增长了
将近 3 倍。

受益于新零售，林清轩 2018 年的线上业绩，1 月份
比 2017 年同期增长了近 5 倍，2 月份增长了近 2.7 倍，1
月和 2 月平均增长了 4 倍。

2018 年"三八妇女节"期间，林清轩 400 家线下门
店每天平均新增 8 720 个粉丝，增长近 7 倍，两个星期增
加了 16.8 万粉丝。

林清轩在线下门店推行的新零售策略中，最主要的就

是"手淘+钉钉"模式。先由林清轩根据自有会员数据，在阿里巴巴数据银行中寻找相似的潜在客户，然后针对潜客进行营销推广，吸引他们去就近的线下门店体验；当潜客来到门店后，由导购进行体验服务，并引导他们用手机淘宝扫描导购的钉钉二维码。这样消费者在关注林清轩品牌号的同时就成了粉丝，与导购之间也形成了一对一的绑定关系。

据林清轩运营经理小邱介绍，以前如果消费者离开门店，让他再回来购买就很难了。即使可以通过微信或其他手段持续与消费者沟通，他再次返回门店的概率也很低，因为到门店是需要一定时间和金钱成本的。现在消费者扫码后即便不在门店购买，导购也能够与他保持联系，在适当的时机进行营销沟通；而消费者可以随时随地在天猫购买，并且与他有绑定关系的导购也能因此拿到提成，一下子就解决了这个困扰导购的问题。

"手淘+钉钉"的模式，还有效解决了导购跳槽带走老顾客的问题。以前导购大多是通过微信与顾客沟通，林清轩导购的离职率约在15%，一旦导购离职总会带走一批老顾客。现在通过钉钉扫码，把顾客都沉淀在品牌号上，导购通过钉钉给顾客发送消息，顾客在手淘端接收、回复消息，也就不存在带走顾客的问题了。

此外，林清轩还试点了阿里巴巴的"地梭计划"。所谓地梭，就是通过一些黑科技设备和手段，捕捉线下消费者的行为轨迹，以此分析消费者的购买行为和浏览行为，从而为未来的精准营销提供数据参考。

重塑零售三要素

在阿里巴巴研究院发布的新零售报告中，将"以心为本，以消费者体验为中心，重构人货场"列为新零售三大特征之首。那么新零售是如何重构林清轩的"人货场"的呢？

全息画像，千人千面。林清轩的大部分会员来自线下，线上会员与线下的比例大约是2∶8。过去由于技术手段的限制，线下能收集到的会员信息十分有限，"无非就是手机号码和购买了的产品"。现在，通过接通阿里巴巴的数据银行，林清轩可以了解更多消费者的信息。"顾客画像清清楚楚，这对品牌非常有价值。"孙来春说，"我们以前认为林清轩的顾客应该都是30岁以上的人，比较有钱，可实际上有很多消费者是90后。"

通常在进行消费者分析时，年龄是个很重要的研究维度，可现在这种划分也不精准了。"有的人年龄偏大，可是长得年轻，心态也年轻；有的人年纪不大却'老气横秋'。所以我们现在根据消费属性来画像，美丽教主、孕妇、宝宝妈妈，这些数据都能看见，太酷了。"说到这个，孙来春十分兴奋。

通过线上、线下的数据采集，林清轩可以将分散于各处的消费者行为数据串联起来，从而生成清晰的全息画像——顾客是谁，他们长什么样，有什么偏好；顾客一般什么时候来购物，多长时间来一次，来了之后都做了什么事情；他们一般会去哪些地方购物……

当然数据的采集、分析、应用需要一个过程，对品牌的价值也无法一下子反馈出来。但是，林清轩已经迈出了可喜的一步：2019 年 4 月的一次推广活动中，林清轩向 100 万消费人群有针对性地推送了 32 篇内容不一的宣传文案。"虽说还做不到千人千面，但这是我们努力的方向。"新零售部总监王总说。

产品迭代，用户需求说了算。都说"女人善变"，这话用在女性对护肤品的选择上一点不假。"消费者对所用护肤品的要求是在不断变化的，她今年觉得这个产品不错，明年可能又去尝试另一个品牌的产品。这时候她跟你的黏性会减弱。"生产与研发中心总经理高总对这句话的理解十分中正，"作为品牌方，我们要去思考为什么她要去尝试其他品牌的产品，一定是因为她有新的需求了，而这对于我们而言是个挑战。"

在没有精准数据支持的情况下，要进行产品迭代就像在黑暗中摸索前进，而新零售最大的贡献就是提供精准信息和数据支持。此外，在新品开发的过程中，也需要新零售部门的数据支持来确定开发什么样的新品才能卖得好。王总举例说："比如山茶花眼睫毛，这样的产品在我们的顾客需求中是不存在的。通过数据分析，我们能将顾客精准的需求告知研发团队。"

除了精准以外，新零售还能为研发生产及时提供重要信息。如今，顾客已经习惯了在网上对产品做出评论，通过对海量数据的采集，数据部门能够以天或小时为单位反馈给研发中心。"表面看反馈的可能是某个点或事件，但经过研发中心汇总、转化就能归集成某个问题，而这些问题可能就是下一次研发或迭代过程中要攻破的方向"。

赋能门店，"场"无处不在。像林清轩这样的护肤产品，注重的是线下体验。据运营经理小邱介绍，只要消费者在门店体验了脸部的护肤流程，购买率将高达80%。目前，林清轩在全国共有400多家线下直营店，与阿里巴巴的数据银行对接后，理论上将筛选出数量庞大的潜客群，有限的门店肯定无法承接这些潜客，而直营模式本身又限制了林清轩的开店速度与规模。这对矛盾该如何解决？

在孙来春看来，提高单店的运营效率、提升顾客的购物体验，比多开直营店更重要。"没有大数据和互联网工具给门店赋能，门店的作用就只是让消费者体验一下，喜欢就买，不喜欢便走人，那真是太传统了。"

在新零售时代，通过与阿里巴巴的数据银行合作以及天猫各种新工具的赋能，相当于把林清轩门店的效率提高了，范围扩大了——导购能够接触到更多消费者，能更加便利地与顾客互动。按照规划，未来林清轩单品牌直营门店的数量将达到 1 100 家。"如果新零售做得好，可能都不用开这么多店。"孙来春说。当然，无论新开门店的数量究竟是多少，新零售都将为新店选址、装修风格、店铺运营等各方面提供精准的数据支持。

> 品牌梦做后盾，
>
> 新思维紧跟随，
>
> 从容不迫迎接未来零售。

林清轩是最早一批与天猫合作新零售的品牌之一，并且表现得从容不迫，所取得成绩也很喜人，这一切是如何做到的？孙来春认为，前几年林清轩对全渠道的探索，其实是在组织系统方面为新零售的到来打下了坚实基础。

理念升级。无论是全渠道还是新零售，孙来春总是不断在公司上下做宣导。早在 2013 年成立电商部时，孙来春就给公司的高管层做过一次理念分享，"主题就叫'线上线下全渠道数字化经营'。一年之后国内开始流行 O2O"。而他对新零售的解读，更是值得大家借鉴。

在旧零售时代，林清轩（品牌方）与线下导购是重关联的依存关系，与天猫则是若即若离。一方面，孙来春觉得线上平台经常打折促销，不利于品牌的良性发展，或许能增加销量，"但那不是我想要的"；另一方面，线上平台凭借购物的便利性，从门店"抢走"了不少客流，造成导购与天猫之间产生不可调和的矛盾。

然而新零售重构了品牌、导购、平台之间的关系，将三方结成利益共同体。导购的生产力因此得到极大提升，他们开始将天猫当成自己的官网，在上面用心维护顾客。孙来春用政治经济学中"生产力决定生产关系，生产关系反作用于生产力"的基本原理，给我们解释了新零售："我们用新零售重构了生产关系（品牌、导购、平台三方），由此释放了导购的生产力，释放了顾客自由选购的权利。想清楚了这个基本原理，我就敢多给大家发 1 000 万元提成。"

系统升级。孙来春自信地告诉我们："阿里新零售起来之后我们立刻就能接上，因为我们的系统能力在全行业都是超前的。"2019 年 3 月 7 日，孙来春决定打通线上线下利益时，林清轩一夜之间就能将新的提成政策落地执行，正是因为"之前的信息系统已经具备了这样的能力，无论通过什么方式都可以让导购与顾客建立绑定关系，底层的 CRM 系统已经打通了，关键问题是给不给导购提成，给多少"。

在采访中，孙来春为我们描述了一个未来场景：消费者下班回家后发现护肤品用完了，而她已经换了衣服泡了澡，不愿意再出门去买，于是在线上下单，靠近她家的林清轩店铺接到订单后，安排店员送货上门，并在消费者家中为她做了护肤体验。"基于地理位置送货到家，这个未来购物场景在护肤品品类中一定会出现，而且可能会占相当大的比例。"林清轩的中台系统一旦建成，这个未来零售场景就能变成现实。

组织升级。从最初的电商部、O2O，到成立新零售部，再到授权新零售"挟数据以令诸侯"，孙来春的每一步组织变革都恰到好处。"王总的能力发挥不出来，线下不听他的，我一生气就让他管 CRM，立刻就不一样了。"孙来春指着那张"架构图"开玩笑地说："没点本事，哪敢把短裤穿外边呢。"

事实上，新零售部在林清轩是个独特的存在。在林清轩的组织架构中，总经理下面分设品牌营销中心、生产科研中心、管理中心。品牌营销中心直接管销售、电商、新零售、市场部等。在新零售这个特殊时期，公司公开授予新零售部特殊的权力，所有关于新零售的运作都听命于新零售部门的统筹。然而，公司的一切决策仍必须遵从品牌定位的大方向——林清轩始终以品牌驱动公司所有的业务活动，不管是市场宣传还是营销活动，与品牌相关的文案、视觉呈现等全都由品牌中心统一规划。

能力升级。现在与天猫合作推进各项新零售举措，这在孙来春看来则是给林清轩带来了能力上的升级。旧零售时代，门店导购就相当于是"坐商"。"上午 9：00 ~ 12：00 一个顾客都没有，就在那儿坐着，等着。"孙来春说，"现在上午没人的时候，导购可以拿着手机'勾搭'顾客。"孙来春所说的"勾搭"，除了通过钉钉与顾客沟通外，还有网红直播。

购物中心在工作日通常人流比较少，很适合做直播。林清轩的电商团队早就有这样的想法，却苦于没有合适的时机。直到公司推行新零售，由新零售部总监王总牵头，联合线上线下一起来做。电商团队提供直播设备，传授直播经验，线下门店挑选合适的导购做直播。第一次尝试，一个小时里卖出了10瓶山茶花润肤油——相当于直播导购过去一个月的业绩。

无论是"手淘+钉钉"扫码，还是网红直播，对导购都是一种赋能。再加上林清轩打通了线上线下利益，导购如今把线上平台当成了自己的一个运营渠道。而对于林清轩，除了线上的客服团队外，线下2 000多名导购也都成了客服人员。"导购掌握的客服知识比线上客服厉害多了。"孙来春说，"这就是赋能，导购现在拥有了阿里巴巴的秘密武器，他们摇身变成了网红导购、全渠道客服、导购。"

在采访中，孙来春还结合林清轩的发展总结了品牌拥抱新零售的三个必要条件：明确的品牌定位、过硬的产品品质，以及运营良好的直营门店。如果再向深层追溯，不难发现，这三个条件其实都源自孙来春做中国百年品牌的坚定信念。

※　※　※

回到本文开篇提出的问题：新零售是一波新的红利，

还是真正的零售革命？孙来春的回答很明确："有人认为新零售是一波红利，要抓紧赚一把，有这种想法的是机会主义者。我认为新零售是科技发展下的零售革命，是对底层商业逻辑的重构。"

那么，新零售对林清轩究竟意味着什么？如果没有新零售，林清轩将会怎样发展下去？孙来春坦言："没有新零售，我们线下门店的小日子过得也挺好。但是，新零售给我们提供了弯道超车，追赶国际品牌的巨大机会。"当国际品牌"开着坦克"进入中国市场时，林清轩的装备还只是"冷兵器"，幸运的是孙来春选择了一条差异化道路——在购物中心开店，坚持直营模式，选取中国独有的山茶花原料开发产品，扎根于中国文化。"现在借助新零售的各种打法，利用数据银行进行精准数据分析，在顾客精准营销上力争领先于国际品牌，同时再借着中国民族自信不断提升的大势，我们才有机会赶超国际品牌。"孙来春信心满满地说。

眼界决定境界，林清轩融入新零售的实践或许就是对这句话最好的印证⊖。

⊖ 本案例为《商业评论》"新零售100案例库"第005号。

林清轩新零售部门架构图

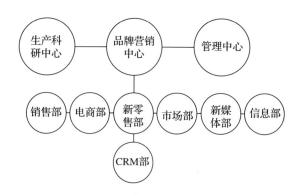

林清轩组织架构图

林清轩大事记

2003 年，上海清轩生物科技有限公司创立。

2008 年，林清轩以品牌直营专卖店的模式进军市场，在上海中山公园龙之梦购物中心开设第一家门店，开店第一个月，吸引了 200 多人，月销售额 10 多万元。

2011 年 4 月，林清轩在上海太平洋百货开设第 100 家直营店。

2012 年，林清轩开创山茶花润肤油。

2012 年 3 月，线下门店 300 家，50 万会员。

2013 年，林清轩成立电商部，开天猫旗舰店，初衷是想做全渠道。

2014 年，林清轩成立信息部。

2015 年 1 月，林清轩拥有全渠道粉丝 180 万。

2016 年，林清轩定位聚焦山茶花润肤油。

2017 年，林清轩销售业绩达到 5 亿元；会员数 350 万；活跃会员数 100 多万；门店数量 417 家；线上和线下销售占比为 20% 和 80%。全年卖出山茶花润肤油 35 万瓶，复购率 40%，销售额占全年业绩 40%，山茶花系列占 70%。

2017 年 8 月，林清轩启动天猫智慧门店项目。

2017 年 9 月，林清轩山茶花润肤油全新升级。

2017 年 10 月，林清轩 O2O 部改为新零售部。

2017 年"双 11"，林清轩启动 10 家门店试点智慧门店项目。同比 2016 年"双 11"，智慧门店平均新增用户高达 340%，老顾客回购率增长 115%，客单价增长 53%，销售额增长 330%。16 天新增 80 万粉丝，最多一天带来 10 万粉丝。

2017 年"双 11"后，林清轩改变组织架构。

2017 年"双 12"，林清轩的 200 多家门店参与了智慧门店项目。

2018 年，林清轩品牌定位升级：林清轩山茶花焕肤修复专家。

2018 年 3 月，林清轩打通内部线上线下销售权益；与阿里巴巴签订新零售战略合作协议；启动智慧门店智能导购项目。

2018 年 4 月 20 日，林清轩网红导购全面铺开。

2018 年"双 11"，林清轩线上线下销售额近 6 000 万元人民币。

2018 年"双 12"，林清轩 232 家门店参与了智慧门店项目，销售业绩达到 1 600 万元。

零售有新旧，管理靠系统

蒋青云[一]

在品牌林立、竞争激烈的中国化妆品市场，要赢得一席之地非常不容易。在互联网大潮冲击下的中国化妆品市场，连一些国际大牌都感到困惑和彷徨时，还能把新零售做得有模有样，实属行业翘楚。这就是林清轩这个案例留给我的总体印象。

但管理不能停留于印象，管理本质上是在追求目标的基础上探寻效率之源的种种实践。而恰恰是这个"效率视角"，给我们提供了理解孙来春及林清轩品牌营销管理的一把钥匙。

孙来春导演的林清轩品牌"四幕剧"，表面看是营销

[一] 蒋青云，复旦大学管理学院市场营销系教授、系主任，港大 – 复旦 IMBA 项目学术主任，《商业评论》"新零售 50 人"成员。

之道长袖善舞，实质却是管理之剑刀刀见血。我想集中讨论林清轩的管理。

品牌定位成功与否，关键在于管理者能否投入足够的资源和能力。

林清轩的第一幕，是定位之幕。在一个竞争充分而产业较为分散的市场，作为新进入者，必然是采用所谓的"差异化聚焦战略"，也就是聚焦于特定市场，突显品牌差异化。林清轩从定位到定位升级，几乎就是按照迈克尔·波特竞争战略思路制定的教科书般的定位策略。当然，这其中闪耀着从顾客洞察到策略制定的智慧之光。但这些我们同样可以从佰草集、云南白药等同行那里领略到。

孙来春在策略含量最高的这一幕，做了哪些管理方面的事情，从而让其定位变得坚实，变得现实呢？

第一，价值观的坚守。价值观几乎是管理的原点，渗透在管理行为的方方面面。比如，孙来春在创业之初，坚持要做中国品牌，而不是山寨、模仿外国品牌，这决定了林清轩定位策略的基点，那就是基于中国植物山茶花提取有效成分，从而对接消费者"焕肤修复"的心智需求。

再比如，坚持用直营店方式建立差异化的渠道，而不是为了追求短期销售效果采用区域代理或加盟渠道，从而在最大程度上保证了品牌差异化在物理渠道上的一致性呈现等。

第二，全程品质管理的落实。虽然化妆品消费者对化妆品品牌的感知是主观的，大多数消费者也不懂化妆品的原料和工艺等知识，但对于化妆品品牌而言，品质的重要性不言而喻。很多国内外同行都在品质上受过教训。医药行业出身的孙来春深知品质管理的重要性，因此从一开始就在全面品质管理方面布下大局。自己种树，确保原料品质的"保真性"；自己研发，确保产品功能质量的"科学性"；自己加工并采用 GMP 标准生产，确保生产品质的"可控性"；自己销售，确保营销服务和顾客体验品质的"可靠性"……这样的全程品质管理，让林清轩从原定位"山茶花润肤油"升级到"山茶花焕肤修复专家"，不仅资源和能力得到了保证，而且在顾客的定位感知方面也具备了"可信度"，从而使林清轩品牌定位的差异性落到实处。

线上线下整合能否实现，关键在于用制度理顺流程。

林清轩的第二幕和第三幕是新零售开局到实现之幕。从策略角度看，林清轩将线上和线下整合起来，以顾客数据为基础，以重构零售"人货场"三要素为核心，实现了销售大幅增长和顾客关系管理的目标。其中线上线下的有效整合是最重要的策略步骤，也最能体现孙来春及林清轩公司在管理方面的创新力。

在新零售的绝大部分企业案例中，我们看到线上线下整合环节常常是企业运用信息技术和数据库建设手段（如苏宁），或者用 CRM 系统针对顾客提供利益刺激（如滴滴用红包方式）来实现的。林清轩在这里用内部激励制度的改革，推进"手淘 + 钉钉"流程的建立，不仅让线上线下整合问题迎刃而解，还使线上平台和线下门店的合作效率被大大激发。这个激励制度改革就是"让线下导购享受和线上同样水平的销售提成"。这一改革让线下导购作为一线销售人员的主动性和创造性得以发挥，对林清轩"手淘 + 钉钉"这一独特的新零售流程的顺利运行，乃至后来智慧门店模式的推广，起到了极大的推动作用。

其实，无论是在高科技（High‑tech）的零售场景还是高
接触（High‑touch）的零售场景，一线销售服务人员的
态度、能力和知识等，在很大程度上决定着零售绩效。给
他们足够的授权和激励，一直是零售管理的核心议题之
一。如线下海底捞、线上 Zappos，在这方面都是可供学习
的榜样，现在林清轩提供了一个从线下到线上的成功案
例，殊为难得。

新零售能否创造美好未来，关键在于完善数据驱动的新零售系统建设。

林清轩第四幕，是新零售系统建设之幕，已经在某种
程度上揭示了公司新零售在管理方面的基本思路和实践。
当然，这是以实现品牌大发展之梦为目的的。

尽管如此，我仍然想从管理视角阐述一下。

新零售作为林清轩品牌赖以发展的重要公司战略，离
不开支撑这一战略高效运行的结构或者系统。这个系统至
少由三部分构成：

一是数据驱动机制。既然要转型为新零售，就需要满
足人们更高的购物需求和体验需求，要让消费者买得到、
买得好、买得爽。为此，要充分运用大数据资源、方法和

技术，充分感知和发现消费者的潜在需求，洞察消费者的行为机制，开发与消费者有效互动的策略和设施等。这些都需要建立和完善数据驱动机制。

二是组织配置机制。孙来春聘请空降兵王总，建立并完善新零售部门（将 CRM 部门划归新零售部），并逐步形成了新零售部和市场部、销售部、电商部、信息部及新媒体部门的协同工作机制。这些在本质上是为新零售战略的实施提供了有效的组织配置机制。

三是能力工作机制。能力工作机制就是赋能过程，这个在案例和上述第二部分都有较为详细的论述，那就是林清轩在新零售实践中充分激发和释放了线下导购的能力，活化了原来了无生机的线上平台和线下门店之间的合作关系，从而提高了整个新零售系统的效率。

我把上述三大机制的有机整合，称为数据驱动的新零售系统建设。这一系统的运作效率，决定着林清轩新零售战略的成败。

良品铺子：从种豆子到练内功

葛伟炜[⊖]

去杭州之前，韩唯接到的任务，是在阿里巴巴 ONE 商业大会会场外良品铺子的展台服务参会者。

"他们也没有提前说，临时告诉我得了这个奖，我上台领奖的时候一激动就忘词了。"说这话的时候，韩唯依旧有点激动，脸红红的。

韩唯口中的"这个奖"，是今年年初 ONE 商业大会上颁出的"新零售年度特别群体奖"，表彰在新零售大潮下，代表品牌在一线服务消费者的导购和店长们。韩唯获奖的原因是，在智能导购竞赛中，她带着良品铺子科技大厦店里的 5 名导购，用 2 个月的时间招募了 3 000 多名新会员。

⊖ 葛伟炜，《商业评论》旗下新媒体"新零售商业评论"执行主编。

　　韩唯所在的门店周边多是商务楼，平时光顾店里的消费者相对比较固定，"大多是周边公司上班的白领，如果我们只是在店里守着，很难招到新顾客，必须走出去。"韩唯回忆起当时拉新的情形"第一天，我让导购们走出去拉人扫二维码，可她们都不愿意，于是我就一个人出去扫了一整幢办公楼，一天招到了130多个会员。"

　　见有了成果，韩唯的小伙伴们才愿意走出去。"现在的消费者对扫二维码会有抵触，怕受骗，所以我们会穿上工作服，拿着店铺里的宣传单页，这样能消除一部分人的顾虑。"

　　拉新的效果直到两个月后的"双11"才真正体现出来。绝大部分扫码领了优惠券的新会员在"双11"期间都到门店来核销，"因为满足一定金额才能使用的券，你想想，如果是满100减20，那最基本的客单价就已经有了。"韩唯他们的努力最终得到了回报。

　　然而，当初公司下达拉新任务时，身为店长的韩唯也不清楚其中的原因。"是有点模糊的，没有想到能给销售带来这么好的效果，但是有一点我是认的，只要是对顾客好、对门店好的事情，我都愿意尝试。"

　　韩唯认准的这件事，似乎已经在良品铺子上下达成了共识。我在良品采访的整整两天里，听到好几个人表达了同样的观点。然而，愿意尝试与"拍脑袋"决策可不是一回事，在零售创新上，良品铺子已经摸索出了一套严谨有效的章法。

门店"种"出外卖生意

2016 年，良品铺子组成了一支三五人的团队，圈定武汉吴家山地区的 7 家门店，着手试点外卖业务。事实上，早在 2014 年，良品铺子就专门招募了配送员，负责将商品送到顾客指定的地点，后来因为与更专业的美团、饿了么等本地生活平台合作，这个当初被称作"落地配"的项目才退出了良品的历史舞台。

尝试外卖业务最直接的原因，是良品铺子洞察到消费者越来越依赖手机，由此催生出对休闲食品的新需求：一方面是对零食的即时性需求，想要吃的时候最好立即能吃到；另一方面是"懒癌"泛滥，"即便我们的店就在顾客办公室的对面，他也不愿意过马路，就想要我们送货。"韩唯这样描述如今"依靠懒来做生意"的情形。

然而，从公司角度来考量，外卖业务其实有着更深层的探索价值。

三种形态的结合落地。"外卖业务的尝试，其实是和公司的战略目标相关的。" 良品铺子高级副总裁赵刚说。
在良品的战略愿景中，公司未来将呈现三种形态：技术
型、平台型、内容型。

技术型，是指良品铺子要构建强大的技术力量以实现
数字化运营。**平台型**，是指良品每天与顾客交互而形成的
庞大的流量入口，"目前我们积累了近 5 000 万会员，每
天线上有 50 万的访问人次，高峰时能达到 70 万，线下有
约 30 万访问人次。" 围绕越来越多的会员，良品以 "吃"
为核心，可以将产品拓展到零食以外的品类。在这个过程
中，良品铺子与顾客的交互就是**内容**，"不论是对话、图
文或者视频，都越来越考验我们的内容生产能力。"

基于这样一个战略目标，良品铺子组建了一个新业
务项目组，在吴家山地区的 7 家门店开始了各种新业务
的尝试，旨在探索未来公司的三种形态如何结合，并在
门店落地。据赵刚介绍，当时他们专门开了一个微信订
阅号，不断编写内容与消费者进行连接，同时也扩充了
产品品类，增加了水果业务、进口产品等。"总之就是
做了各种尝试。" 而外卖业务正是良品铺子在顾客需求
中发现的。

从手工单到系统对接。最初，试点门店的外卖接单靠
的是手工方式。店长用手机下载一个美团或饿了么的外卖

呼叫系统，没有与后台系统打通。这就可能出现许多"碰巧"的事，顾客在 App 上买了芒果干或辣鸭脖，刚巧店里就卖完了。

即便如此，7 家试点门店的成绩却惊人得好：不到一周的时间，7 家门店的订单量达到 100 多单，而当时单店的日均单量也就 100 多。

试验一段时间后，良品铺子认为业务单量证明了顾客对外卖的需求很高，于是由新业务和电商部门抽调精英组成新业务实践小组，将外卖业务正式立项，划归新组建的全渠道事业部。

与此同时，良品铺子扩大了外卖业务试点门店的范围，让更多的门店通过实践检验流程是否顺畅、系统能否支撑前台业务。

移交"主权"。在经过近 1 年的试验期后，2016 年 10 月，良品铺子将外卖业务的经营权和管理权正式交给了门店事业部。赵刚解释说："这时候，系统打通了，流程也规划好了，并且在一部分门店运行得很成熟了，公司就开始把这套业务模式复制到全国的门店。门店是外卖业务规模化复制的载体，下发到门店事业部，就能把它变成业务指标，让各个门店按照统一标准执行。"

目前，门店外卖业务的订单量占线下单量的 10%，销售额接近 5 亿元。赵刚十分看好这项新业务的前景。

业务创新四步法

良品铺子董事长杨红春将业务成长划为"四力"模式，"种豆子"是实践生存力，"求规模"是实践爆发力，"系统调整"是寻找持续生命力，"二次增长"是验证增长原动力。

"一旦判断好方向，我们就开始种豆子做实验。这时候不能奢望它能很快结出果实，得有耐心。"

比如良品铺子开拓深圳、成都等地的市场时，会先开三五家店，观察、测试商品和当地消费者的饮食、购买习惯是否匹配，同时也能了解当时市场环境、人文风土。"理论上这三五家店可能要开一年，不过现在有了全域大数据的积累和应用，能帮助我们加快'种豆子'的进程。"

2011 年，良品铺子试水电商也是一样，从公司里抽调三五个人组成一个小组，让他们在线上"玩"了一年，"当时他们的工作状态是，上午当客服，下午去仓库打包发货"，即便是这样，良品铺子还是总结出了一套电商运营的心得和经验。

第二阶段是**"求规模"**。"一旦通过'种豆子'积累了丰富的经验，并且找到了新业务的运营规则后，我们就开始扩大业务规模。"

电商试点了一年后，销售额达到千万元。2012年，公司成立电商部，全力发展电商业务，两位创始人——董事长杨红春和总裁杨银芬商议，在线业务未来增长趋势十分可观，需要更高层的领导来统筹规划业务的发展。于是杨银芬卸下了集团所有分管工作，专心领导电商业务。又经过一年的发展，良品铺子电商业务的销售额从1 000万提升到了近1亿元。"求规模从某个角度来说，是良品铺子做的一次压力测试。"赵刚说，"就像'双11'，只有经过一场大战，我们才能找到后台系统、业务流程等各方面的不足之处。"

从"种豆子"到"求规模"，不少企业新业务的发展路径大多也是这样的，然而在良品铺子，路才走了一半。

"当业务做到一定规模，继续保持高速增长的时候，可能会制造出一种和平的假象，掩盖了内部很多问题。"这时就进入了第三阶段**"系统调整"**。在这个阶段，良品铺子基于前期的快速发展，挖掘出系统、组织、流程、策略等各方面的问题，然后进行系统性优化。只有当系统调整完成后，才能进入**"二次增长"**的第四阶段。

当然在这个过程中，良品铺子会根据消费者的消费需求和购买习惯等因素的变化做出一些业务调整。比如这几年，良品门店的数量一直保持在2 000多家，赵刚解释说，这是因为他们发现消费者购物的路径渐渐向购物中心转移，所以良品从2016年起对门店店址进行了大规模结构性调整，主动关闭了早期开设的400多家面积较小的街边店，同时在各大城市购物中心新开了400多家门店。"未来三年，我们至少50%的门店都在购物中心。"

慢下来，练内功

2017年，良品铺子董事长杨红春曾提出："良品铺子要用三年的慢，换七年的快。"他将2017—2019年的"三年的慢"解释为，基于前几年高速规模化发展后，公司整体进入了修炼内功的"系统调整"阶段。

在此之前，良品铺子的发展究竟有多快，从终端销售额可见一斑：2018年良品铺子终端销售额超过80亿元，比2012年的10亿元相比，7年间涨了8倍。这个过程中，创新业务层出不穷，虽然大多是朝着良性方向发展的，但这恰恰是赵刚所说的"和平的假象"——各类业务之间是否存在矛盾，是否与公司整体战略目标有冲突？

"整个大系统的调整其实包含非常多的内容，战略思维的梳理，管理方法的调整，业务的聚焦、资源的配称，组织架构的调整等。"赵刚一边解释一边在白纸上画逻辑图，试图向我展示良品铺子这几年究竟是如何修炼内功的。在这个过程中，不得不说一下颇受外界关注的信息化建设。

从手工称开始。信息技术中心负责人朱淑祥，2008年加入公司，刚好经历了良品铺子信息化建设的全过程。

"我刚来的时候，良品已经开了几十家门店，条件还不如现在街边的小店。"尽管已是十多年前的往事，朱淑祥仍记忆犹新，"进货、卖货都是靠手工称分量，然后人工算账、收钱。"休闲食品的种类相对丰富，那时候良品已经开发了上百个单品，门店的进销存完全靠人工管理，难度之大可想而知。

出于最原始也是最基本的目的——把钱和货管清楚，良品铺子开始了信息系统建设：2008年6月上线门店信息化管理系统，实现了所有门店在商品、价格、订单上的统一管理；2009年，门店增长到300家时，上线了仓库信息化管理系统，保证门店补货订单在仓库停留时间不超过4小时；2011年，为了提升内部运营效率，实现精细化管理，良品铺子搭建了整个供应链信息化体系，升级

ERP 系统。

牵手国际大公司。2014 年，良品铺子投入 5 000 万元同 IBM、SAP 合作，启动全渠道一体化营销管理平台。一家卖零食的小公司花大价钱购买世界级公司的服务，这样的大手笔究竟是为了求关注、博眼球，还是高明的战略布局？外界对此议论纷纷，良品内部却早就把问题分析得透彻清晰了。

"那时候，很多企业还纠结于到底该做线上还是线下，有一些公司干脆关掉了线下门店，转战线上了。"朱淑祥回忆道。良品铺子花了很长时间去做研究，最后觉得未来零售的趋势应该是全渠道，"线下有一些独特的价值是线上无法取代的"。

基于这一认知，良品开始对渠道进行各种分类：卖货的渠道、交流的渠道；广域市场用电商去覆盖，区域市场由线下门店来做，一些局部市场用来试点新业务；此外还有本地生活、自有 App 等。要将这些渠道整合在一起，做到商品通、会员通、订单通、库存通，良品需要的是一个开放的平台。"只提供基础设施，我们可以在平台上做很多个性化的东西。"

从 2014 年开始着手搭建全渠道平台，仅用了不到两年的时间，良品铺子的全渠道平台就基本完成，打通前中后端，整合了线上线下的所有交易数据和顾客数据，各渠道从以前割裂的状态，变成了一个信息互通的有机整体。

当年与世界级公司合作的大手笔，在如今看来恰到好处，似乎就是为了新零售和数字化转型而准备的。

线下数字化。2017年，良品铺子与阿里巴巴合作上线了智慧门店体系，开启了新零售的探索之路。

"新零售"对于良品铺子绝不是盲目跟风的草率决策。2018年，良品铺子终端销售收入80多亿元，其中近一半来自线上销售。而按照良品的设想，未来门店销售中应该有50%的订单来自线上，才能充分挖掘和提升坪效。

照前文所述，目前外卖业务的订单量已经达到门店单量的10%，那么剩下40%的订单量将主要依靠智慧门店的推行来实现，而智慧门店的核心就是要让门店所有的经营活动都实现数字化，包括会员数字化、销售数字化、商品数字化等。

例如，早在2015年，良品铺子就开始着手搭建门店的数字化运营体系。"基础建设层完成后，最近一年多开始搭建应用层。"赵刚介绍说，如今良品已经实现了单店管理，例如自动补货系统，门店每卖出一件商品，收银POS系统会自动计算店里的库存，一旦发现单店库存达到警戒线，就会向仓库发出送货指令，自动化仓库接收到订单后会自动安排配送。店员只管做好前端销售，甚至连哪样商品卖得好应该多进货，都有预售模型帮门店做了。"过去，门店最容易发生的情况就是顾客要的商品没货，不受欢迎的商品却积压了一堆。这两件工作是零售中最复杂的，上千家门店的销售，靠人工根本不可能精准预测。"赵刚说。

数字化，从流程入手。"新零售的核心就是数字化运营。数字化运营怎么做？必须从流程开始。就像工厂做数控系统，要把每道工序拆解成一个个动作，并把这些动作标准化，变成数字化指标并写入系统，这样才是自动化。新零售也一样。"赵刚说。

早在1990年，美国著名管理学家迈克尔·哈默就提出了"流程再造"的概念，他指出，企业若想提高运营效率和业绩，就应当进行"再造"：抛弃旧的业务流程，利用现代信息技术的力量，从根本上重新进行设计，即从跨职能的视角审视企业的基本流程。这个概念提出后，在全球企业界掀起了一波旷日持久的"再造"浪潮，并且一直延续到今天。事实上，在新零售和数字化变革的浪潮下，基于流程的再造、梳理，变得更为重要。

经过8年的信息化基础建设，良品铺子所有的业务基本都已经搬到了IT系统里。赵刚回忆，良品铺子在前期高速发展，开启了不少创新项目，业务部门不断向技术开发中心提出各种运营开发的需求，这就营造出一种"和平的假象"。然而，开发的产品多了之后，会出现一系列问题，比如有的只是某项业务的临时性需求，而从更长远来看，这项业务可能需要做根本性调整，也就没必要投入精力满足这个临时需求了；还有的业务需求只是单纯从本业务的角度出发，同公司整体业务发生了矛盾。"这些问题，对于技术人员而言根本无法判断其是否合理，必须要有一个新的团队站在跨部门的更高格局来做出判断。"赵刚说。

于是在 2017 年，公司引进了服务过海尔等知名企业的流程专家周世雄出任常务副总裁，并挂帅组建了流程系统创新中心，主要职责之一就是从流程入手，梳理、构建不同业务的流程体系，将它们拆解成具体动作并数字化写入系统，"这样才能实现真正的数字化运营。"在赵刚看来，这才是所谓的"慢三年，练内功"。

成功的必要条件

2006 年，良品铺子开出第一家门店；

2008 年，良品铺子开到 100 家店，创始人杨红春一次性拿出全部利润 1 000 万元，上线了门店信息化管理系统；

2009 年，良品铺子门店增长到 300 家时，上线了仓库信息化管理系统，门店补货订单实现 4 小时响应；

2011 年，ERP 系统全面启动；良品铺子向线上拓展；

2014 年，良品铺子与 IBM、SAP 合作，启动整体的信息化建设；试水社交电商，建立基于微信业务开发运营的事业部；相继上线 PC 商城、有赞微信商城、支付宝服务窗商城、微博商城；

2017 年，良品铺子与阿里巴巴合作上线了智慧门店体系；

2018 年，良品铺子定位高端零食，发布品牌全新标志；上线了智能导购系统，2 000 多家门店的 6 300 名店员全部成为在线导购员；截至当年 9 月，良品铺子已经建立了智慧门店、平台电商、O2O 外卖、自营 App 等全方位的互动和销售渠道，会员近 5 000 万，月活 800 万……

从良品铺子一路的发展历程来看，每一步都踏准了"鼓点"，甚至具有很大的前瞻性。这靠的是运气，还是创始人高瞻远瞩的领导力，或者其他原因。

在良品铺子采访的两天中，我对这个问题渐渐理出了一些思路。

　　开放性和学习力。良品铺子的高管团队堪称一支联合作战部队。据赵刚介绍，他们中有来自海尔、惠普咨询、IBM、阿里巴巴、尼尔森、屈臣氏、大润发、国美等各类企业的管理者，他们拥有不同的行业经验、业务背景和知识，并且更重要的是，"这些人是带着失败的经验过来的，知道哪里有坑"赵刚说。

　　对一家民营企业而言，要引进这么多高管人才，跟钱已经没有太大关系了，而是取决于老板是否有足够的胸怀，是否愿意分享，是否有足够吸引人的企业愿景和使命。用赵刚的话就是"这是真正以人为本的开放。"

　　也正是基于这样的开放心态，良品铺子不断通过各种学习交流，提升管理团队的思维和管理能力。例如，2013年良品铺子开始培养所有管理人员的互联网化思维，创始人杨红春每年亲自带队，拜访考察数十家不同领域中最优秀的企业，如阿里巴巴、京东、华为、海尔、小米、海底捞、韩都衣舍、孩子王等。

　　强大的执行力。无论是外卖业务，还是门店导购拉新，你都能从良品的员工身上看到超强的执行力。韩唯曾对我说："只要有指令下达了，哪怕大家再抵触，也会去执行。"如果单看这句话，恐怕会误以为是下级机械地执行上级的指令，但事实上，良品铺子培养出来的执行力，是建立在

"对消费者有利，对企业有利"的认知基础上的。

这一方面是因为良品铺子的企业文化，另一方面则得益于良品的组织变革。2016 年，良品将组织架构简化为 3 层，内部推行小组制经营，直接建立总部与门店的连接，让"听得见炮火的人"通过数据做决策。

据组织发展总监刘文彪介绍，组织变革之前的店长会、区域经理会，通常就是上传下达，"领导在上面讲，员工在下面记录，然后回去就照着干。"可是，变革后情况不一样了，刘文彪他们特意做了一次测试，在一次店长会上，拿出一个不太成熟的决策方案跟店长们商讨，"就想看看大家的反应是怎样的。"刘文彪说。"结果店长们都在积极思考，提出了自己的想法，整个过程中有讨论，也有争论。因为变革之后，门店业绩好不好，跟店长的荣誉、利益是息息相关的，他们的角色不一样了，自然会主动参与决策讨论。"

家文化。良品铺子的核心价值观有三点：品质、快乐、家。这其中最值得一提的就是"家文化"。良品提倡的家文化，并不像某些企业表面化地总是将"家人"挂在嘴边，而是体现在某些关键时刻。

采访中，韩唯给我讲了个故事。有一年临近春节的时候，韩唯接了一单从线上转来的团购业务。"30 多万元的

大单子，还要把货发到外地去。即使我们店里 6 个人全去
分装货，起码要五六天时间。但是一来店里要正常营业，
不可能投入全部人力做分装，二来装好的货品也没有那么
多空间存放。"韩唯说。"结果分公司的领导都来帮忙分
装，用了 3 天时间就把所有的货都装好了。"不仅如此，
他们还帮韩唯考虑到了从装货、运输、送达等各个环节的
所有问题。"什么时候分装好，什么时候装车发送，什么
时间送到顾客指定的地点……所有我能想到和没想到的问
题，他们都想到了。"

　　韩唯觉得，公司领导们没有大架子，又细心，关键时
刻会给她提供很多帮助，解除她的后顾之忧，在这样的企
业工作，心里自然感觉很踏实。

※　※　※

　　2019 年对于良品铺子而言是关键的一年——高端零
食的品牌定位需要进一步深化，公司 IPO 正在有序进行
中，慢三年战略也进入了最后一年。对于今后的路该怎么
走，良品人都表现得十分淡定、从容。

　　这份从容正是来自良品自己摸索出的一整套成熟的业
务运营模型，虽然是从"种豆子"的探索阶段开始的，
但是后续完整的总结、复盘、优化等数字化流程能够确保

业务朝着正确的方向发展推进。

衡量一家企业的成功，可以从很多方面去考量。以目前良品铺子的情况来判断，只能说它在某些方面取得了一些成绩，但它的发展历程正是中国商业发展史上的一个缩影，值得我们持续关注、研究；它所表现出的开放性、学习力以及创新精神，同样值得中国企业学习、借鉴。⊖

良品铺子的组织变革

2016 年，良品铺子在创始人杨红春的主导下，展开了一场组织变革。"当时公司正处在从 10 亿元终端销售额向 100 亿元迈进的过程中"，刘文彪说。"当时我们预见到，如果按照过去金字塔形的组织管理结构再往下走，很快就会遇到瓶颈。"

于是，良品铺子把过去的组织层级简化到三层，一级机构包括门店业务中心、电商等渠道端和人力资源等职能端；二级机构到部门；三级机构到岗位。这样的设置使得信息能够在内部更快、更便捷地传递。

⊖ 本案例为《商业评论》"新零售 100 案例库"第 004 号。

在此基础上，良品还推行了小组制运行模式，改变了过去传统的上传下达的指令式工作方法，通过"官兵互选"的方式组建五人小组，他们在小组内自主分工——你管商品，我管市场，他管门店运营……当捕捉到一个市场机会时，小组不需要等待上级指令，而是共同商议，做出应对决策并自主执行。"小组制是我们一直持续到今天仍在使用的，就是想不断优化组织结构。"刘文彪说。

如果从纵横角度来看，良品的组织变革是从纵向减少管理层级，横向细分业务单元；而如果从前后端的角度来看，就是后端平台化，前端小组化，也就是"大平台，小前台"的模式——后台要形成专业的赋能中心和资源中心，从而能快速响应前台小组的需求。

在变革过程中，对后台组织形成了很大挑战。"后台人员对接前台的信息呈指数级上升，这就逼得我们必须建设强大的后台信息系统。"

良品铺子的核心价值观

● 品质文化：始终把产品品质和人品品质放在第一位，其他第二。

- 快乐文化：帮助他人成功，快乐自己，成就自我。
- 家文化：像对待家人一样，对待我们的顾客、同事和商业伙伴。

鱼和熊掌，真的无法兼得？

良品铺子的"慢三年"战略不仅体现在数字化转型、信息系统建设上，面对新零售大潮，如何冷静思考，从容面对，也是"练内功"很重要的一方面。

从本质上来说，良品铺子也是一家做零售的企业。"因为现在渠道越来越碎片化了，消费者可能基于自己的便利性，从各种渠道购买产品。"良品铺子常务副总裁周世雄说，"而休闲零食本身属于冲动性消费和计划性消费兼而有之的品类，所以我们要做的就是为消费者提供各种可能的购买途径。"基于这样的思考，良品铺子很早以前就开始布局全渠道，天猫、微信小程序、团购、外卖、自有 App，几乎所有你能想到的渠道上都有良品铺子。

从表面来看，消费者确实感到便利了，体验也更好了，可是从企业运营的角度来看，任何一个渠道的布局都意味着一定人力、财力的投入。天猫新零售平台事业部总经理叶国晖曾提出，新零售是要实现消费者的极致体验以及商家的极致效率。但现实中，我们经常会看到一些企业为了追求所谓的极致体验而不惜盲目投入成本，最终只是赚了个吆喝的赔本买卖。

"极致体验和极致效率之间，究竟该如何平衡呢?"我抛出了这个有点哲学意味的问题。

周世雄的回答相当实在："效率的背后实际上是匹配，把资源匹配到最合适的地方去。而消费者体验，并不是无限制的体验，它一定要满足企业投入的成本，要有合理的毛利率，否则企业就可能经营不下去。"具体而言，良品铺子会从以下四点确保企业效率。

第一，从组织层面，打造大中台、小前台，从而适应创新创业的需求。

所谓的大中台，就是良品铺子一直以来在品牌、信息化、物流等能力建设上的投入。"我们把平台能力做得很强，能够支持前端的创新，降低创新成本。例如，可以提供更好的平台服务、更低的成本费用支持创新、创业等。"

所谓小前台，"就是要激活组织、激活末端，让'听得见炮火的人'指挥战斗。"周世雄说，"在集团总部的人，可能真的不了解一线年轻员工和消费者的想法，很多创业项目不能靠 70 后指挥 90 后。"

第二，公司基本的财务管理体系、目标模型还是必需的，因为公司本质上是要盈利的，在持续发展中为用户提供更好的产品和服务。

第三，针对一些新业务，公司要提供更灵活的机制，确保它能够创新。"不能通过一张利润表就把这些创新业务扼杀在摇篮里。"

第四，是要分级管理。周世雄列举了外卖业务的例子。外卖业务对门店而言，到底是增量还是存量？从表面看来，门店本身有租金、水电、人工等运营成本，而外卖又需要给平台方交付一定的费用，这部分成本支出是否会降低公司的利润率呢？"这个问题很难直接回答，必须做差异化的分类。"周世雄说。例如在一些线下门店新拓展的区域，外卖业务更多的是在帮助良品寻找增量。因此，针对不同区域，就需要差异化对待。"管理最终还是要精细化。"周世雄说，"这类问题不能一刀切。"

良品铺子还有什么没做到

陈　果[一]

　　良品铺子是中国休闲零食零售行业无可争议的冠军企业，据财报披露，2017年营业收入53.7亿元人民币，其中加盟批发收入为19亿元，加上电商批发，估计当年终端零售收入约70亿元，到2018年，应该会超过80亿元规模。

　　休闲零食零售行业销售的商品包括坚果炒货、糖果糕点、肉类零食、素食山珍、果干果脯等品类。在这个细分行业里，产品定位接近、公开财务信息的上市公司及准上市公司主要有三只松鼠、来伊份、好想你（百草味）、洽洽食品、盐津铺子等，而它们的商业模式各不相同：

　　三只松鼠和百草味的绝大部分收入来自电商，前者

　　[一]　陈果，波士顿咨询（BCG）大中国区董事总经理。

2017 年销售收入约为 60 亿人民币（据披露财报，2017 年上半年销售收入为 28.9 亿元），后者 2017 年线上销售收入为 30 亿元；

来伊份重点在线下，2017 年销售收入为 36.4 亿元，电商占比约 10%，线下直营零售占绝大部分，加盟不到 5%；

盐津铺子是商超直营批发模式的代表，2017 年销售收入为 7.5 亿元，自有工厂生产；

同样走现代和传统渠道、瓜子占绝大部分比例的洽洽食品，瓜子销售收入达 25 亿元；

良品铺子则是线上、线下业务并重，近三年来电商业务占比逐渐增大，到 2018 年，线上、线下业务比例为 45%、55%，线上业务跟三只松鼠、百草味的竞争进入白热化，而在线下业务中，和来伊份坚持直营不同，加盟业务占比一直较大，2017 年有突破性发展，超过直营 60% 以上。

良品铺子的三个发展阶段

第一阶段，**形成区域性强势品牌**。从创业开始到 2014 年前后，良品始终在以武汉为中心的华中地区发展。

由于休闲食品连锁零售对标准化运营、物流网点服务能力等要求较高，跨区域发展面临诸多挑战，因而，来伊份也主要深耕以上海为中心的华东地区。

在这个阶段，良品铺子在品牌建设、运营管理、信息化技术应用等基础性体系上做得非常扎实，在众多零食品牌竞争中脱颖而出。

第二阶段，**全渠道转型，向全国扩张**。2014 年，休闲食品电商快速发展，主战场集中在天猫，良品铺子在 2012 年不失时机地参与到这个领域，先后进入了天猫、京东、唯品会等主流平台电商。

彼时，中国零售行业普遍面临着线上、线下两个渠道如何协同、平衡的话题。良品铺子很早就认识到了以会员运营为中心，线上线下相结合的"全渠道"模式的重要性——线上不仅是卖货渠道，而且是数字化的用户互动渠道。为此，良品铺子大力建设会员体系，在行业里率先采用了"有赞"这类新兴社交电商形式，还积极发展饿了么、美团等 O2O 渠道。

与此同时，借力 IBM、SAP 等顶尖技术公司，经过 3 年的数字化转型，良品铺子成了中国技术最先进、渠道种类最丰富、渠道组合最平衡的全渠道零售商之一。

基于会员数据基础的丰富性，良品铺子进行了深入的用户研究，锁定目标人群，进行产品包装升级。

在观察到城市购物人流从商业街向购物中心转移的趋势后，良品铺子又开始升级门店，面积更大，装修更现代化，门店销售品项数更多，选址上增加了购物中心店的比例。在这个阶段，良品铺子还加快了拓展加盟业务的步伐。从 2015 年开始，良品铺子的营收以每年增长 10 亿元的速度发展。

第三阶段，**智慧零售和品牌升级**。

2018 年，为了寻求新的增长波。在和阿里新零售体系深入合作的同时，良品铺子的战略重点开始转向寻求高质量增长。为促进增长并提高市场占有率，良品铺子将战略重点确定为以顾客消费升级需求为中心，全面升级企业精细化运营管理，将引进外脑的重点放到品牌定位和营销战略上，帮助公司更好地找到战略目标与市场定位。

良品铺子面临的挑战

过去十年，良品铺子抓住了每个时代的机遇，在正确的时间做了正确的事情，无论是早期的品牌化营销、标准化运营，还是中期的数字化全渠道转型、门店升级、狠抓产品品质等，无不为良品铺子建立了行业竞争优势。

如今，良品铺子的新一轮战略能巩固其可持续竞争力吗？我们来看看它当前面临的挑战。良品铺子近年收入上升而毛利下降的主要原因是业务结构变化，表现在两个方面：

1. 总体业务中的电商业务占比，从 2015 年到 2018 年逐年上升（分别为 26.53%，33.69%，42.21%，44.85%），虽然电商业务毛利率稳步上升，到 2018 年为 27%，离传统核心业务直营零售的 48% 还有差距，不过这也代表了行业平均水平，电商规模更大的三只松鼠、好想你（百草味）的毛利水平也在 25% ~30% 之间。电商业务毛利低的主要原因是，线上市场的竞争焦点是价格战，同时，平台方经常组织大型促销活动及线上经营成本逐年递增。基于行业竞争态势，电商业务仍应该是良品铺子战略布局中的重要一环，建立产品差异化优势，优化电商毛利，提升电商业务和线下业务的协同效应，将是良品铺子寻求突破的战略机会。

2. 线下业务中的加盟业务占比上升。据财报信息显示，2017 年，良品铺子线下业务发生了一些调整，直营业务收入下降，加盟门店数显著上升。加盟销售模式有利于借助加盟商的区域资源优势，拓展良品铺子的营销网络，对各区域市场进行有效渗透，提高市场占有率。不过加盟业务价值链短，相应毛利较低；例如，周黑鸭和绝味都是类似的鸭脖产品，前者以直营为主，后者以加盟为主，两者盈利模型不同。未来，如何进一步加强加盟商的协作，优化加盟商业模式，也是战略考量点。

　　良品铺子运营全渠道多年，通过布局全渠道销售网络，建立了与用户交互的多重触点，为消费者提供多元化的消费体验，实现了线上线下业务的均衡发展。一般来说，中心城市消费者的线上线下行为整合度高，三线以下城市的线上和线下消费者相对来说区分度大。**在数字化运营上，良品铺子还需要对其线上顾客人群和线下顾客人群进行更深入的洞察，充分发挥已有的全渠道平台优势。**目前，良品铺子的电商渠道很大程度上依赖于天猫等平台，其在招股书上计划自建 App，是它获得自己能够控制的数字化渠道的重要步骤。

　　市场上零食产品雷同造成了供应链体系的高度同质化，良品铺子的几家竞争对手纷纷进入供应链上游去抢资源；随着零售商的快速成长，为他们提供产品制造的供应商也在快速壮大，零供关系正在发生微妙的变化——当零售商的战略护城河不足够深时，制造商容易进行产业链前向一体化，侵蚀零售商市场。

　　类似良品铺子这样的"自有品牌零售商"，常纠结于自己身份究竟是一个"渠道品牌"还是一个"产品品牌"？战略上，**究竟是向零售下游要利润**（减少直营比例虽然起到了降低负担风险的作用，包括物业租赁、劳动力成本，但是也降低了利润水平），**还是向供应链上游要利润**（建立自有工厂），良品铺子必须深入思考其价值链设计。

当前，良品铺子加大了品牌投入力度，标志看起来更时尚、国际化了，重金聘请了吴亦凡当代言人，品牌定位为"高端零食"，希望以"高端"的定位，拉开和电商竞争对手以及各地雨后春笋般的休闲零食零售商的差异化，带领行业破局"低价低质"的传统消费者观念，培育消费者形成中国零食高端形象认知。

良品铺子的招股说明书还披露了一项重大咨询合同，重金聘请竞争战略和营销咨询公司。将"高端零食"定位为企业未来发展战略，这是继 2015 年引入 IBM 开展数字化建设后，良品铺子最新的重大决策。我理解良品铺子过去投巨资完成了底层基础的运营体系建设，现在的"高端零食"是以外力拉动运营体系的建设发展——只有在"内生"和"外扯"两种力量的作用下，才能更好地发挥全渠道的最佳效果，如果只是从表面的"高端"和"代言人"形式，无法判断该策略是否可行，必须经过更长久的观察，才能看清长期聚焦及配称的运营举措是否能为良品铺子带来更有效的增长。一旦成功，则是为企业界提供了一个优秀的战略转型案例。